Maman travaille, le guide

Marlène Schiappa

À ma fille
et à son père

ISBN 978-2-7540-2249-1
Dépôt légal : août 2011
Imprimé en France - L57456
Édition : Audrey Bernard
Mise en page intérieure : NPEG.FR
Mise en page couverture : Bérengère Renault
Illustrations de couverture et intérieur : Nathalie Jomard

Éditions First-Gründ
60, rue Mazarine
75006 Paris - France
Tél. : 01 45 49 60 00
Fax : 01 45 49 60 01
e-mail : firstinfo@efirst.com

Site internet : **www.editionsfirst.fr**

Remerciements de l'auteur

Merci à toutes les personnes citées dans ce guide, tout particulièrement à Olivia Toja.

Merci à toute l'équipe du réseau, du blog et de l'association Maman travaille, *notamment Camille Ravier, Carla Schiappa, Stéphanie Will, Céline Louchart-Arga, Anaïs Lunet, Mélanie Fèvre, Nora Esnault, Stéphanie Rivier, Isabelle Vermeir, Amel Kefif, Alexandra, Fatou, Sandra, sans oublier toutes les équipes qui travaillent au développement de* Maman travaille*; les lectrices et les membres.*

Merci aux journalistes qui ont aidé et aident Maman travaille *à se faire connaître et particulièrement Isabelle Juppé, Cyril Cournoyer, Anne-Sophie Michat, Antoine Silber, Emmanuèle Peyret, Thierry Dagiral, Morgane Miel, Natacha Quester-Séméon, Isabelle Germain, Herma Kevran, Corinne Dillenseger, David Abiker et bien sûr Nadia Daam ainsi qu'à l'équipe des États généraux de la femme ELLE.*

Merci aux réseaux et sites amis de Maman travaille *dont les Mompreneurs françaises, Cyber Elles, Girlz In Web, les 9 blogueurs-9 mois, le Prix de l'entrepreneuse, les gens du Bondy Blog, l'ensemble des blogs dits « de maman », les équipes de Scribes et de Pampa Presse.*

Merci à l'équipe de Yahoo pour son soutien au blog Maman travaille.

Last but not least, et pour des raisons différentes, Élisabeth Badinter, Loïc Lecanu, Raphaël Pivert, Ségolène Finet, Marie Lafragette, Yves Gunder, Nora Esnault, Laetitia Valet, Maëlle Carré, Nadia Moulaï, Nadia Hatroubi-Safsaf, Claire Courant, Barbara Nativel, mes copines de grossesse, amis et famille.

Je vous donne rendez-vous sur www.mamantravaille.fr !

Sommaire

Préface

« *Mon plus beau rôle, c'est mon rôle de mère* ». « *C'est en allaitant mes jumeaux que je me suis vraiment sentie femme* ». À Monica B., Angelina J. et leurs copines, je voudrais dire deux mots : « hémorroïdes », ou « œdèmes », ou n'importe quelle partie de l'anatomie d'une femme qui, il faut bien le dire, va subir les pires outrages pendant sa grossesse pour finir en apothéose (coucou l'épisio !). Autant de maux qui ne vont pas franchement faire de vous une force vive de l'entreprise.

Mais admettons que les enfants soient la priorité de toutes les mères, qu'en est-il de la mère qui travaille et qui, par conséquent, doit rendre un dossier à 17 h 00 tout en étant à la crèche à 16 h 30 ? Qu'en est-il de celle qui est à deux mois de grossesse et qui passe son temps à vomir ou à dormir, alors qu'elle vise une promotion depuis des mois ? Qu'en est-il de celle qui n'a trouvé ni crèche ni nounou et doit donc se résoudre à prendre un congé parental et encourir le risque de se pendre avec son écharpe de portage un matin devant *Motus* ?

Bref, vous l'aurez compris, la vie d'une mère lambda (*comprendre « une femme avec un IMC au-dessus de 9 et un dépassement de découvert non autorisé »*) n'a rien à voir avec celle des people épaulés par une armée de nounous et de coach sportifs. Car sachez-le, être une mère qui travaille, c'est Koh Lanta en pire. Rester debout en plein cagnard sur des rondins de bois ? Pfff, une partie de rigolade à côté du casting de la nounou ou du combat perdu d'avance contre les vergetures ! Oui, le parcours va être ardu, pour l'affronter il convient donc de savoir que RIEN ne sera plus comme avant.

Ainsi, les mères qui travaillent, les « momtaffeuses », vont découvrir tout ce qui les sépare de deux espèces qu'elles seront fatalement amenées à côtoyer au boulot : les nullipares et les hommes.

Pour les nullipares, le constat est assez facile à établir : en plus d'un périnée tonique et de nuits complètes, elles n'ont ni nausées, ni nounou à relayer. Éventuellement, une vague gueule de bois ou une MST à soigner pourront les amener à sécher un ou deux jours dans l'année. Soit trois fois rien comparé à votre congé maternité et aux journées « enfant malade » que vous accumulerez au cours des quinze prochaines années. La nullipare est toujours partante pour boucler un reporting, participer à une réunion à 18 h 00, organiser un pot au bureau, remettre du papier dans la photocopieuse. Vous, vous ne pourrez rien faire de tout ça, sauf peut-être la photocopieuse, mais c'est parce que vous en avez besoin pour imprimer les papiers de la CAF. Bref, vous passez vos journées à reluquer d'un œil torve et cerné cette salariée sans enfant qui, en plus, a le culot de vous demander des nouvelles de votre progéniture. Elle est peut-être sincère, mais dans le doute, vous cracherez dans son cappuccino et l'accuserez d'être l'auteur du bourrage papier de la fameuse photocopieuse.

Passons aux hommes, qui sont, il faut bien l'admettre, exonérés de tous les dilemmes de la momtaffeuse. Et les disparités se créent dès l'annonce au patron. La femme va pénétrer dans le bureau du chef tremblotante pour annoncer sa grossesse. Ne comptez pas sur le Chef pour réagir comme le ferait une copine : cris hystériques, visionnage du test de grossesse encore humide, et question classique « tu préférerais une fille ou un garçon ? hiiiiiii ». Non, Patron n'est pas votre ami, et cette grossesse n'est, selon lui, pas exactement ce qu'il convient d'appeler un heureux événement. Vous ressortez de son bureau, un brin honteuse, un peu comme si vous veniez d'avouer à votre homme que vous aviez été infidèle. Non, je n'exagère pas, pour la majorité des chefs, une employée qui tombe enceinte lui a fait un enfant dans le dos, ni plus ni moins.

L'homme quant à lui annoncera laconiquement et avec une fierté toute masculine qu'il va être papa à ses collègues et à son patron, il s'en sortira avec une accolade virile, et parfois même une petite augmentation. Le reste est à l'avenant, l'homme n'ayant ni nausées, ni périnée (enfin si, ils en ont un, paraît-il, mais d'après mes statistiques personnelles, seule une poignée d'entre eux est capable de situer cette partie de leur anatomie). Seuls les quelques jours d'absence au moment de la naissance rappelleront à son employeur qu'il est devenu père. Et si, à son retour, il change le fond d'écran de son ordinateur pour y mettre une photo de son bébé, personne ne trouvera cela *cucul* mais *teeeellement* mignon. Quant au congé paternité, vous le découvrirez dans ce livre, il est suivi moins assidûment qu'une demi-finale de coupe du monde et on n'a encore jamais vu aucun homme sortir les banderoles et les vuvuzelas pour réclamer un congé parental.

Bien sûr, certains jeunes papas sont, selon l'expression consacrée, des « nouveaux pères »... Des pères investis, qui n'hésitent pas à mettre la main à la pâte (la pâte étant souvent constituée de selles molles), qui se lèvent la nuit, qui assurent les rendez-vous chez le pédiatre... Mais même si on en a toutes croisé quelques spécimens, cela reste UN CONCEPT, un produit marketing, un peu comme une nouvelle lessive qui laverait plus blanc que blanc ou le yaourt qui facilite le transit. On y croit à mort, et on finit toujours par être un peu déçues.

Mais il faut bien avouer que certains pères s'impliquent à fond dans la grossesse de leur compagne – si si, la couvade est un signe fort d'empathie – puis dans la parentalité. Pourtant, on ne leur facilite pas la tâche. Prenons un cas de figure simple et ô combien récurrent : ce matin, vous êtes partie travailler juste après avoir déposé l'Enfant à la crèche / à l'école / chez la nounou. À 8 h 20, cet enfant allait parfaitement bien et vous a dit au revoir de la main en gazouillant. Non, en vrai, on sait bien que l'Enfant, dès qu'il a compris que vous n'alliez pas rester toute la journée avec lui pour chanter 76 fois *J'aime la galette* s'est instantanément transformé en wisigoth. Il s'est accroché à vous (enfin techniquement, à votre brushing), s'est roulé par terre en faisant une parfaite imitation de lingette, a raclé la porte avec ses dents, s'est contorsionné (ce qui a activé son réflexe vomitif sur votre tailleur). Tout ça pour dire que cet enfant était en parfaite santé, à 8 h 20. Mais à 9h10, alors que vous venez de vous installer à votre bureau pour affronter une dure journée de labeur... *Tut tut tut tut tut tut tut*. C'est la nounou / la puéricultrice / la maîtresse qui appelle parce qu'en 50 minutes, l'enfant est tombé malade. Dans la majorité des cas, ce n'est qu'une petite rhino avec un petit 38 °C, mais pour la nounou / la puéricultrice / la maîtresse, c'est un peu comme s'il avait le virus Ébola. Il faut donc venir le chercher. Tout de suite. Vous avez à peine eu le temps d'allumer votre ordinateur et de consulter votre Facebo... euh votre messagerie pro, qu'il faut repartir.

Un truc vous choque ? Et bien, oui, c'est vous qu'on a appelée. Le papa, jamais. Vous avez eu beau expliquer au personnel qu'il ne travaillait pas sur une plateforme pétrolière mais à 20 minutes de là, qu'il est muni d'un moyen de transport et qu'il est parfaitement capable de venir chercher sa progéniture, c'est vous que l'on va appeler. Pourquoi ? Parce que vous êtes la MAMAN. Et que dans l'esprit de bien des gens (et de 99 % des publicitaires), vous êtes la seule à savoir rassurer et soigner votre enfant... et à éponger son vomi.

Normalement à ce stade de la lecture, vous êtes en train de vérifier que votre stérilet est bien en place, tant la parentalité vous semble incompatible avec une vie sociale et professionnelle. C'est faux. La maternité et le travail, c'est plutôt comme un meuble suédois. C'est compliqué à installer, ça tient plus ou moins debout, et il faut bien tout faire comme sur le plan.

Mais au final, ça rend plutôt pas mal, non ?

Nadia Daam
chroniqueuse TV dans l'émission Les Maternelles,
journaliste web et blogueuse

Avant-propos

Qu'elles soient secrétaires du patron ou patronnes d'une entreprise, qu'elles portent des leggings taille 0 ou des tuniques « big is beautiful », qu'elles viennent de Giverny ou de Djibouti, une chose réunit ces femmes et crée instantanément une complicité entre elles : ce sont des mamans. *Maman Travaille* veut créer le 1er grand réseau de mères actives (salariées, mompreneurs, free-lance, en recherche d'emploi...). Car, s'il existe de nombreux réseaux de femmes qui travaillent d'une part, et de nombreux réseaux de mères d'autre part, les mères actives n'avaient encore aucun point de rendez-vous.

Comment obtenir une place en crèche ? Quand annoncer à mon boss que je suis enceinte ? Vais-je retrouver mon poste en rentrant de congé parental ? Puis-je allaiter et travailler ? Quel mode de garde choisir ? Puis-je travailler avec des nausées ? Comment être à deux endroits à la fois, chez la nourrice et en réunion ? Comment travailler sans culpabiliser ? Suis-je une mère indigne ? Comment obtenir un arrêt pathologique ? Combien de temps de repos prévoir après une épisiotomie ? Ai-je le droit de garder du temps pour moi ? Et si je créais mon entreprise ? Comment déjouer les pièges d'un entretien d'embauche ? Travailler de chez soi, est-ce une bonne idée ? Comment obtenir une augmentation pour pouvoir payer la nourrice ? Le baby-blues s'arrête-t-il à la porte du bureau ? Manager et mère, même combat ? Comment être fraîche à 8 h 00 du matin après une nuit de sommeil de 3 heures ? Pourquoi le cabinet du pédiatre sont-ils ouverts uniquement pendant mes heures de travail ? Quelle place pour mon amoureux ? Appels du bureau pendant le bain du bébé et appels à l'école pendant la journée, où placer la frontière ? Entre la carrière et la maternité, ai-je encore du temps pour mes copines ? Et pour moi ?

Toutes ces questions, les femmes qui jonglent entre vie professionnelle et vie de famille se les posent. Avec bonne humeur et sens pratique, *Maman travaille* est un guide concret qui essaye de répondre à vos soucis quotidiens pour les dédramatiser et vous proposer des solutions pratiques pour ne pas vous laisser déborder. Mais aussi agir sur votre moral : sus à la culpabilité ! Les mères aussi ont le droit d'être épanouies dans leur travail tout en bichonnant leurs petits. Alors, prête à concilier carrière et maternité ?

Faut-il choisir entre maternité et carrière ?

Avant d'entrer dans le vif du sujet, rappelons la définition d'une mère active : c'est une mère qui exerce une activité professionnelle rémunérée ou qui en recherche une, d'après le Bureau International du Travail.

Être une mère active n'est ni mieux, ni moins bien qu'être mère au foyer, c'est un choix différent, tout simplement. Face à la difficulté et à l'importance des enjeux, nombreuses sont les femmes qui ont décidé de choisir entre leur carrière et leur maternité ; de faire des enfants et d'entamer une carrière de mère au foyer à durée indéterminée, ou à l'inverse d'être PDGère sans jamais goûter aux joies des réveils nocturnes et des colliers de nouilles pour la fête des mères.

Peut-être vous-même, à cet instant, hésitez-vous encore ?

quiz

POURRIEZ-VOUS ÊTRE MÈRE AU FOYER (MAF) ?

Pour vous aider à faire le point, cochez les cases à chaque fois que vous êtes d'accord :

- ☐ **Je n'ai pas besoin de parler à d'autres adultes, Bébé et Facebook me suffisent.**
- ☐ **L'argent n'est pas un problème, j'ai des économies / pas des goûts de luxe.**
- ☐ **Je suis malade à l'idée de confier mon enfant à quelqu'un que je ne connais pas.**
- ☐ **J'ai trouvé un moyen de gagner ma vie sans sortir de chez moi.**
- ☐ **Mon travail n'est qu'une source d'ennuis, de contrariétés.**
- ☐ **J'ai plus de trois heures de trajet pénible par jour.**
- ☐ **Toutes mes amies sont mères au foyer.**
- ☐ **J'ai l'impression que je ne pourrais jamais tout concilier.**
- ☐ **Le congé parental, c'est bien payé.**
- ☐ **Pour rien au monde je ne raterais la 79e saison d'*Amour, gloire et beauté* surtout que Ridge et Brooke doivent bientôt se marier (encore). Même si en réalité, vous n'aurez pas le temps !**

Mon total : .... / 10

MES RÉSULTATS :

Si vous avez plus de 8, peut-être avez-vous envie de choisir la maternité et d'abandonner le travail. RDV dans quelques années ?

Si vous avez entre 6 et 8, vous hésitez peut-être encore. Si vous osiez modifier deux ou trois détails de votre vie pro, tenteriez-vous l'aventure ? Lisez ce guide et nous en reparlerons à la fin.

Si vous avez moins de 6, moins de 3 ou même moins de 1, vous êtes prête à materner ET à travailler. Accrochez votre ceinture, on démarre, ça va secouer et vous allez voir du paysage !

Peut-on tout avoir ?

L'importance accordée à la conciliation carrière / famille a été mesurée au cours d'une enquête lancée en 2007 par le ministère du Travail. À la question « Quel est le critère primordial dans le choix d'un métier pour votre enfant ? » 82 % des parents répondaient : « Un métier permettant de concilier harmonieusement une vie de famille et une vie professionnelle ». Devant l'intérêt, la rémunération, la sécurité de l'emploi et même les possibilités d'évolution !

Les pouvoirs publics ont bien conscience de la difficulté et des enjeux de la conciliation travail / maternité. Dans un rapport commandé en 2006 par Dominique de Villepin, Valérie Pécresse écrivait : « Un certain nombre de familles restent insatisfaites de l'équilibre vie familiale / vie professionnelle qu'elles ont finalement atteint, et certains parents sont parfois contraints d'arrêter de travailler pour garder leurs enfants. L'égalité entre les hommes et les femmes reste un principe éloigné des réalités, car dans les faits les mères continuent de porter l'essentiel de la charge du travail domestique et des soins aux enfants, et ce sont elles qui en paient le plus lourd tribut en termes d'emploi et de carrière professionnelle. Les enjeux de la conciliation de la vie familiale et de la vie professionnelle sont donc majeurs et les objectifs poursuivis complexes et parfois contradictoires. »

Si 81 % des femmes de 25 à 49 ans sont actives[1], seules 65 % des mères avec un enfant de moins de 3 ans maintiennent leur activité professionnelle. Au premier anniversaire du premier enfant, les statistiques remontent et près de 80 % des mères se déclarent actives (en activité professionnelle rémunérée ou en recherche d'emploi). Mais parmi ces 80 %, beaucoup ne travaillent plus à plein temps « comme avant » : télétravail, temps partiel, auto-entreprenariat...

1. *La famille, une affaire publique* – rapport 57 du Conseil d'analyse économique.

quiz

CALCULEZ VOTRE COEFFICIENT DE CONCILIATION FACILE

Trouver un équilibre entre la vie professionnelle et la vie de famille est un défi personnel. Nous ne partons pas toutes avec les mêmes cartes en main : certaines bénéficient d'une foule de facilitateurs alors que d'autres cumulent les obstacles. Et pour vous, comment ça se passe ? Calculez votre coefficient de conciliation pour vous en rendre compte objectivement, **comptez un point par affirmation correcte** :

- ☐ Le père de mon enfant assume sa part de responsabilité dans son éducation et sa garde, il n'hésite pas à s'absenter de son travail si nécessaire.
- ☐ J'ai un statut social ou professionnel valorisant.
- ☐ Je suis entourée de baby-sitters de secours et bénévoles : une amie, une mamie, une voisine...
- ☐ Mon compagnon fait sa part de tâches ménagères : intendance, repas...
- ☐ Globalement, je suis en bonne santé, je ne suis pas malade plus d'une fois par an, je n'ai pas de règles douloureuses.
- ☐ J'ai un moyen de contraception fiable qui me convient.

- ☐ Le personnage de Caroline Ingalls est directement inspiré de ma mère.
- ☐ L'ambiance au travail est bonne, je suis amie avec mes collègues.
- ☐ J'ai une bonne mutuelle grâce à mon travail.
- ☐ J'habite à proximité de tout, je mets moins d'une demi-heure pour aller faire les courses, à la crèche ou chez la nourrice, à l'école, chez le pédiatre…
- ☐ Mon patron est compréhensif ; je peux arriver plus tard les jours de grève de la crèche, et prendre des jours « enfants malades » sans avoir de réflexion désobligeante.
- ☐ J'ai des horaires aménageables en fonction de mes desiderata : temps partiel, télétravail, horaires décalés…
- ☐ Je travaille à moins de 45 minutes de chez moi.
- ☐ Mon conjoint comprend que j'ai besoin de travailler et ne tente pas de m'en dissuader.
- ☐ Mon travail me plaît et m'intéresse, c'est une source de satisfaction.

- ▢ Je suis indépendante dans mes déplacements, j'ai des transports en commun à proximité, ou une voiture.
- ▢ Je gagne (relativement) bien ma vie, j'ai de quoi m'offrir un mode de garde et payer mon loyer sans me serrer la ceinture.
- ▢ J'aime parler avec mes collègues ou avec d'autres adultes.
- ▢ Je veux être indépendante financièrement : je ne transigerai jamais là-dessus.
- ▢ J'ai de l'ambition professionnelle, une sorte de plan de carrière, j'évolue ou je me renouvelle régulièrement.

MES RÉSULTATS : .... / 20

Vous avez moins de 10 points

Votre note est inférieure à la moyenne, mais rien n'est perdu : vous pouvez identifier les points de blocage ou les difficultés rencontrées pour essayer d'y remédier. Vos parents ne vous aident pas : et si vous leur posiez directement la question ? Le père des enfants ne fait rien ? C'est anormal, mettez-le devant ses responsabilités. Demander de l'aide n'est pas honteux : faites-le. N'hésitez pas non plus à mettre le holà, à dire non, que ce soit dans un contexte « maman » ou dans un contexte « travail ». Cuisiner les gâteaux de la fête de la crèche, tenir un stand à la kermesse ou accompagner une sortie scolaire ? Laissez ça à celles qui en ont le temps ! De même, les heures supplémentaires bénévoles sur le dossier Exploitation, laissez-les à des collègues qui n'ont pas encore compris qu'il y a autre chose que le travail dans la vie (il y a aussi une séance de cinéma à 15 heures, par exemple).

Vous avez entre 10 et 15 points

Nous connaissons toutes une mère active qui dispose de TOUTES les aides mentionnées (parents omniprésents et volontaires pour baby-sitter, employeur ultra-conciliant sur les horaires, compagnon au foyer...) mais qui galère tout de même, et à l'inverse une mère active qui cumule les obstacles (3 heures de transports par jour, la famille aux abonnés absents et un client harceleur) mais semble traverser la vie avec une aisance de patineuse artistique... C'est aussi, parfois, une question de perception ! À vous de choisir comment vous avez envie de voir les choses...

Vous avez plus de 15 points

Même si vous disposez de nombreux facilitateurs, ça ne veut pas dire que c'est du tout cuit ! Mais, puisque vous partez avec quelques avantages, n'hésitez pas à vous en servir... et ce n'est pas une raison pour vous mettre la pression. Travailler à mi-temps ne signifie pas que le reste de votre temps doit être consacré à avoir une maison impeccable, à cuisiner comme une professionnelle et à initier vos enfants au russe. Vous avez aussi le droit de glandouiller...

acte
1

Future maman et active

Ouverture

C’est le plus beau jour de votre vie, et pourtant, vous sentez une boule se former dans votre gorge : vous pensez à la tête de votre chef quand vous lui apprendrez qu’une petite barre rose est apparue sur votre test de grossesse…

SCÈNE 1
Travailler avec les signes sympathiques

Un jour, peut-être, le congé maternité commencera au jour de la conception. Mais actuellement, il débute en général autour du 7e mois… Pour les prochains mois, à vous, donc, les réunions matinales avec odeur de café nauséeux, les déplacements avec votre gros ventre, les déjeuners d'affaires avec aigreurs d'estomac… Comment gérer ?

Avant tout, clouez le bec aux indélicats qui vous répéteront à l'envi « être enceinte, ce n'est pas une maladie ! » Certes, ce n'est pas une maladie, mais certains effets secondaires aussi joliment appelés « signes sympathiques » peuvent vous transporter dans un état proche de la grippe ou, a minima, de la sévère gueule de bois. Bref, peu confortable.

COMMENT TRAVAILLER AVEC DES NAUSÉES ?

Les nausées ne durent en théorie pas toute la grossesse, rassurez-vous. Si vos nausées sont matinales et passent au cours de la journée, proposez de décaler vos horaires de travail : laissez passer les nausées chez vous tranquillement, venez au bureau vers 10 h 30 – 11 h 00 et repartez vers 19 h 30. Bonus : vous éviterez ainsi les heures de pointe ou d'embouteillages. Malus : c'est plus difficile si vous avez déjà un enfant…

Le témoignage de Manue, assistante parlementaire, un fils de 7 mois

« J'ai mis 11 mois à être enceinte. Au début, je faisais les tests chez moi, à la fin je les faisais du bureau tôt le matin et je les jetais machinalement dans la corbeille. C'est ma collègue qui a fini par le voir et me dire : mais ça y est, il est positif ! J'ai offert une tournée de café à tout le monde avant d'appeler le papa. »

Une femme enceinte sur 3 serait sujette aux nausées et elles seraient handicapantes pour 35 % d'entre elles, selon une étude médicale parue en 2004 ! Peut-être faites-vous partie des femmes qui, les trois premiers mois, restent clouées au lit avec une bassine pour seule compagnie à hurler entre deux vomissements : « Pourquoi, Seigneur, pourquoi ? »

Ne vous levez pas à jeun : allez savoir pourquoi, les nausées disparaissent quand on mange peu, et régulièrement. Une demi-biscotte, suivie d'un demi-thé, suivi lui-même d'un petit morceau de pain... N'espérez même pas aller au bureau sans avoir rien avalé, vous ne tiendriez pas une heure ! Ou alors constituez-vous un stock de provisions sur place (barres de céréales et compagnie). L'idéal est de prévoir la veille au soir vos « en-cas » du matin.

Sniffez de la menthe : tout ce qui est mentholé aide les nausées à disparaître ! Sniffer une bouteille de sirop de menthe peut être un remède très efficace ! Mouchoirs mentholés, pastilles vichy, feuilles infusées... toutes les astuces sont bonnes à prendre pour trouver une odeur de menthe ! Avec un mouchoir parfumé dans votre poche, vous aurez un « objet transitionnel » anti-nauséeux des plus discrets. Attention toutefois, certains nutritionnistes soulignent que la menthe « ouvre » l'estomac...

Léchez une rondelle de citron : curieux, mais c'est LE remède le plus approuvé par les femmes enceintes de *Maman travaille*. On ne saurait vous en expliquer le processus, mais le simple contact papilles / citron fait s'évanouir pour quelque temps les haut-le-cœur et autres joyeusetés. Bon, pas évident d'apporter une rondelle au bureau, mais de bon matin, ça passe bien.

Éliminez les odeurs : les bonnes comme les mauvaises ! Faites bien le ménage, aérez sans modération auprès de fumeurs, qui même s'ils ne fument pas chez vous, conservent souvent l'odeur de la cigarette sur eux, et évitez de vous parfumer. Optez pour un gel douche ou un savon neutre et sans parfum, et choisissez un déodorant répondant aux mêmes critères : pas le moment de se lancer dans « vanille bourbon » ou « fleurs exotiques des îles »... Chaque femme développe ses propres aversions. Au bureau, ouvrez les fenêtres, et demandez à votre collègue de manger son kebab porc aigre douce ailleurs.

SURVIVRE À UN DÉJEUNER DE TRAVAIL AVEC DES NAUSÉES

À la cantine : De la purée de pommes de terre, nature, sans beurre, sans gruyère, sans rien. De l'eau.

Au restaurant : N'importe quoi sans sauce et en très petite quantité, tant que le voisin de table évite la choucroute ou le couscous royal. De l'eau.

À la maison : Un biscuit apéritif salé (type Tuc), des biscottes avec un peu de fromage frais nature, des bonbons Haribo, du jambon blanc (du vrai jambon, pas reconstitué). De l'eau (original, tiens !).

On oublie, et pour un bon moment : les fritures (panés, frites), le gras (lasagnes), le goût prononcé (épices, chinois, indien), le très chaud / très froid...

Mes nausées ne passent pas, pourquoi ? Les nausées restent un mystère scientifique. Certaines auront des haut-le-cœur pendant 9 mois, d'autres pas la moindre nausée. Les grands-mères incriminent les hormones, arguant que « nausée = vous attendez une fille ». Si vos nausées sont très fortes, n'hésitez pas à consulter : en théorie, aucun médicament n'est autorisé. En pratique, entre le Nux Vomica 9CH (homéopathie) et les anti-vomitifs forts, il en existe toute une palette...

SCÈNE 2
Passer un entretien d'embauche avec un gros ventre ?

Passer un entretien d'embauche enceinte : un dilemme ! Très peu de patrons feront le pari de recruter une femme en sachant qu'elle partira trois mois après pour un congé maternité, peut-être suivi d'un congé parental.

On peut décider d'être franche : Valérie Toranian a confié récemment, dans une interview au jobboard de Cadremploi.fr, avoir été enceinte lors de son embauche en CDI au journal *ELLE*. Loin d'être effrayée, sa patronne de l'époque lui aurait confirmé son embauche. Et sa recruteuse ne s'est pas trompée puisque cette jeune pigiste embauchée malgré sa grossesse est devenue directrice de la rédaction, poste le plus élevé du magazine.

Charlotte a fait le même pari, avec des résultats différents : « *Je devais devenir formatrice pour une grande agence d'hôtesses, après une longue période de chômage, au moment où j'ai appris ma grossesse. Je leur ai dit, elles ont annulé mon entretien d'embauche.* » Si, sur le moment, Charlotte regrette son honnêteté, elle est rapidement récompensée. « *Deux mois après mon accouchement, la personne recrutée à ma place partait en congé maternité : j'ai été prise pour la remplacer. Depuis, je suis toujours là* ».

Détail étonnant : sur 68 mères actives interrogées via *Maman travaille*, plus de 40 % affirment qu'elles ne « recruteraient pas une femme enceinte ».

➔ À faire lire aux managers

Le congé maternité n'est pas payé par l'entreprise, mais par la Sécurité sociale. Un petit « Félicitations ! » permet d'éviter la HALDE et de partir sur de bonnes bases.

En pratique : que répondre à la question « Vous prévoyez d'avoir des enfants bientôt... ? »

Avant d'ouvrir la bouche, réfléchissez. La réponse ne regarde que vous et peut, de toute façon, varier. Vous pouvez vouloir un enfant aujourd'hui et plus demain ou, au contraire, être anti-bébé aujourd'hui et avoir un déclic demain. Cette question est donc inutile. Si vous n'êtes pas enceinte, répondre « Non, ce n'est pas dans mes projets immédiats » ne vous engage à rien. Si vous l'êtes, souvenez-vous de l'article L225-1 du Code pénal : « *Constitue une discrimination toute distinction opérée entre les personnes physiques à raison de leur origine, de leur sexe, de leur situation de famille, de leur apparence physique, de leur patronyme, de leur état de santé, de leur handicap, de leurs caractéristiques génétiques, de leurs mœurs...* » Être évaluée sur le fait d'avoir des enfants, d'en vouloir ou d'en attendre est donc aujourd'hui considéré comme une source de discrimination.

Dans votre cas précis…

Option « Je cache ma grossesse » : vous avez décidé de mentir par omission en ne faisant pas état de votre grossesse. Sachez que vous n'êtes pas en infraction : légalement, rien n'oblige une femme enceinte à annoncer qu'elle l'est. En revanche, vous vous privez des avantages liés à votre état et de toute évidence, n'instaurez pas une relation de confiance entre votre nouvel employeur et vous. Vos bonnes raisons : arriver en fin de droits aux Assedic, avoir trouvé le job de vos rêves, avoir une grossesse à risque…

Option « J'assume ma grossesse » : vous avez pris le parti d'avancer à nombril ouvert et d'annoncer votre état de future maman dès l'entretien d'embauche. Vous savez que vous vous exposez à un refus de poste, mais… Vos bonnes raisons : ne pas pouvoir cacher votre bedon proéminant, tenir à être transparente, être cooptée et ne pas vouloir mettre dans l'embarras la personne qui vous a pistonnée…

SCÈNE 3
Ma grossesse ne regarde que moi… et ma boîte

> « Ça alors, je me demande bien comment ma chef a appris ma grossesse ? ». C'est simple : elle n'est pas stupide. D'absences justifiées pour rendez-vous chez le médecin, en pansements de prises de sang, de nausées en « Non merci, pas de Champagne pour moi », d'appels douteux émanant d'une maternité « confirmant le rendez-vous avec l'obstétricienne » en robe de grossesse, vous étiez peut-être tout sauf discrète.

Ce n'est pas parce qu'on ne dit pas officiellement qu'on est enceinte, que les autres ne s'en aperçoivent pas. Pour que vos collègues ne se sentent pas floués, il eut fallu que vous preniez la peine de leur annoncer en face à face. Mais ce n'est pas toujours simple : bien que dans son bon droit, la future maman active s'imagine qu'elle a fait une erreur à la limite de la faute grave, elle culpabilise et se sent responsable. Il n'en est rien !

Vous n'avez pas à vous sentir coupable de quoi que ce soit. Le temps passé en congé maternité représente moins de 1 % du temps total de votre vie active, d'après un calcul effectué par Elisabeth Badinter ! Une quantité négligeable, de moindre importance en comparaison des congés payés, des arrêts maladies ou même tout simplement des RTT !

« Les femmes se sentent menacées dans leur grossesse, elles ont peur d'être mises au placard », déplore Jacqueline Salomon, pédiatre et experte en parentalité dans une interview au site de *L'Expansion*. Son conseil : les femmes enceintes doivent avoir confiance en elles, s'affirmer, dire par exemple : *« J'ai un grand bonheur dans ma vie, qui ne va pas m'empêcher de faire mon travail correctement »*. De leur côté, les managers doivent arrêter les phrases nocives comme *« OK, c'est bien pour toi, mais moins pour l'entreprise »* ou *« Tu es la troisième à m'annoncer ça ce mois-ci, comment je vais faire ? »*

➔ Zoom

Chaque année, 530 000 bébés naissent de mères qui travaillent.
(Source : INRS)

QUAND DIVULGUER LA BONNE NOUVELLE ?

Jamais avant le 3e mois de grossesse. Avant la 12e semaine d'aménorrhée[1], le taux de grossesses se terminant par des fausses couches est malheureusement très élevé[2] (les experts parlent de 12 à 15 %). Annoncer joyeusement qu'on attend un bébé pour devoir rappeler un par un ses collègues et leur dire que finalement, on n'est plus enceinte, ce n'est pas joyeux.

Justement, en parlant de collègues : respectez bien un ordre. Il serait malvenu que votre chef de service l'apprenne à la machine à café de la bouche de l'intérimaire. Commencez par votre manager direct, puis

1. Aménorrhée : période sans règles.
2. http://www.docteur-benchimol.com/fausse_couche_spontanee.html

vos plus proches collègues-amis, membres de votre équipe. Ensuite viennent les DRH, chefs de vos chefs, et enfin seulement le reste de vos collègues.

ANNONCER MA GROSSESSE À MON BOSS, MODE D'EMPLOI

C'est une très bonne nouvelle : vous attendez un bébé. Mais quand votre manager va l'apprendre, il ne le verra pas forcément de cet œil. Pour lui, une salariée enceinte = absences répétées, nouvelle personne à former, clients déboussolés...

Naturellement, il ou elle a tort, mais sur le moment il verra les choses sous cet angle. Ne vous offusquez pas s'il cache sa joie ou si, rustre, il ou elle oublie de vous féliciter.

Commencez par solliciter un rendez-vous : ce n'est pas quelque chose à dire entre deux portes. Une fois dans son bureau, ne tournez pas autour du pot et évitez les métaphores douteuses mettant en scène des roses, des choux ou des petites graines.

S'il ou elle a des enfants, tentez la connivence en lui disant que vous allez rejoindre le club très fermé des heureux parents.

Enfin, rassurez-le/la sur l'importance que votre travail a pour vous, et aura encore plus à l'avenir avec cette future petite bouche à nourrir.

Espérons qu'il soit plus conciliant que le producteur Aaron Spelling, qui avait renvoyé une actrice pour cause de grossesse avant même le tournage. Elle a porté l'affaire devant les tribunaux et a empoché 5 millions de dollars.

ENCEINTE ET ACTIVE, QUELS SONT MES DROITS ?

Le droit de garder votre grossesse secrète

Techniquement, aucune loi ne vous oblige à faire part de votre grossesse à votre employeur dès votre test de grossesse positif en main. Le Code du travail ne prévoit d'ailleurs aucune obligation à ce sujet.

Cependant, la pratique veut qu'on envoie un « feuillet de déclaration de grossesse médicalement constatée », délivré par un médecin, autour du 3e mois de grossesse (à partir de 12 semaines d'aménorrhée). Cela vous permettra de bénéficier des avantages liés à votre état, mais aussi d'anticiper votre départ en congé maternité et d'instaurer une relation de confiance entre votre employeur et vous. En effet, il devrait peu apprécier l'effet de surprise d'une devinette du type *« J'ai un gros ventre, je fais des blagues, je pars en congé maternité dans 10 jours et je n'ai pas de remplaçante, je suis-je suis-je suis... »*

Le droit de vous absenter et d'être payée quand même

Les femmes enceintes doivent se rendre à 8 examens médicaux dits « obligatoires » (ils peuvent être plus nombreux en cas de grossesse à risque ou de complications).

Bonne nouvelle, vous avez le droit de vous absenter pour passer ces examens sur votre temps de travail. Vous ne subirez aucun retrait de salaire et ce temps entrera également en compte dans le calcul de vos cotisations, congés payés, etc. Il faut évidemment avoir annoncé votre grossesse pour pouvoir y avoir droit.

Le droit d'obtenir un aménagement de poste

D'après l'article L 122-25-1 du Code du travail, les femmes enceintes ont le droit de demander (et d'obtenir !) un aménagement de poste. Cela concerne notamment les femmes qui ont des métiers difficiles, physiques, exposés à des substances chimiques ou mettant en cause leur santé mentale ou physique.

« La grossesse n'est pas une maladie mais elle comporte des changements qu'il faut apprécier et dont il faut tenir compte », commente le Dr Yves Gunder, médecin de prévention en administration centrale, qui note le travail de nuit ou le contact avec des agents infectieux comme risques majeurs.

Mais les futures mamans doivent aussi modifier certaines de leurs habitudes en terme de pause. Le Dr Gunder insiste sur le régime suivi au quotidien, lorsque l'on travaille : *« Attention aux repas d'affaires copieux, avec ou sans alcool... mais aussi au fromage au lait cru pour la listériose (à la cantine, par exemple). Il faut penser à s'hydrater tout au long de la journée lorsque l'on travaille en extérieur ou dans un lieu climatisé ou chauffé, notamment, pour prévenir les cystites, d'autant que les ambiances de travail sont souvent très sèches ! »*.

Le droit de prendre un congé maternité

Quelle que soit votre situation – salariée, free-lance, entrepreneuse au chômage – vous avez droit à un congé maternité. La durée est variable selon plusieurs paramètres comme votre statut, le nombre d'enfants que vous avez déjà ou le nombre d'enfants que vous attendez (jumeaux, triplés ou plus), mais pour le cas général, elle est fixée à 16 semaines (article L 122-26 du Code du travail).

Des sites spécialisés vous proposent de calculer le jour de votre date de départ sur la base de la date de vos dernières règles. Attention cependant, ils n'ont aucune valeur légale. Seule la déclaration de grossesse initiale et remplie par un médecin fera office de référence (la Sécurité sociale se basera d'ailleurs dessus pour calculer vos droits).

Pour être indemnisée, il faut avoir cotisé 10 mois minimum. Attention à la désillusion si vous avez un bon salaire : l'indemnité journalière est plafonnée autour de 77 € par jour.

Votre congé maternité peut être précédé par un arrêt de 14 jours supplémentaires dit de « congé pathologique ». Vous serez rémunérée par la Sécurité sociale ; dans certaines grosses entreprises, votre salaire sera maintenu directement et l'employeur se fera rembourser par la suite. Renseignez-vous auprès de votre service RH, car la Sécurité sociale peut parfois être très longue à vous payer...

Le droit de ne pas être licenciée

D'après le Code du travail, être enceinte vous protège contre un licenciement pendant toute la durée de la grossesse, du congé maternité et pendant les quatre semaines qui suivent. Et contrairement aux idées reçues, vous n'avez pas besoin d'avoir déclaré votre grossesse à votre employeur pour bénéficier de cette protection.

Ainsi, les femmes enceintes licenciées voient-elles souvent leur rupture de contrat de travail annulée par les prud'hommes, après présentation d'un certificat médical. Dans le cas contraire, elles reçoivent un chèque conséquent en compensation.

Attention toutefois, être enceinte protège contre un licenciement personnel (et encore, un licenciement est envisageable dans certains cas de faute grave), mais pas contre un licenciement économique.

Le droit de consulter un médecin du travail

Enceinte, avoir accès à une information de qualité sur sa santé est primordial. Le Dr Yves Gunder relève que de nombreux éléments extérieurs peuvent stresser une future maman active, comme ses relations au travail, son temps de trajet ou « les voyages en zones à risque ». Il s'étonne du peu de connaissances médicales de certaines femmes. *« Des femmes intelligentes ignorent par exemple que les problèmes de poids peuvent être liés à des perturbations endocriniennes ; et combien ignorent que fumer lorsqu'on est sous pilule majore le risque de phlébite, voire de thrombophlébite cérébrale ? »*

Il invite donc les futures mamans à se rapprocher de leur médecin du travail, dont les coordonnées sont affichées dans un local commun de l'entreprise, avec celles... de l'inspection du travail !

quiz

EST-CE LE BON MOMENT POUR ANNONCER VOTRE GROSSESSE À VOTRE BOSS ?

1. La précédente femme enceinte de la boîte...

a. N'est jamais revenue (elle a été licenciée ou elle a pris un congé parental de 3 ans suivi d'un deuxième enfant)

b. Est toujours au même poste

c. C'est votre boss !

2. Vous partez à 18 h 00. Votre chef vous dit...

a. « Vous prenez votre après-midi ou vous partez en pause ? »

b. « Tiens, ça me rappelle qu'il faut que j'appelle la nounou. »

c. « Ah, il est déjà 18 h 00 ? Attendez-moi, je pars avec vous ! »

3. Vous parlez justement grossesse avec lui/elle...

a. Il/elle râle : Chloé devait rentrer aujourd'hui de congé maternité, mais elle vient d'appeler pour reporter.

b. Il/elle vous dit combien la vie est douce sans enfant : shopping, voyages, travail... et espère que vous savourez votre chance.

c. Il/elle vous raconte la naissance de ses enfants, un moment magique qu'il/elle a hâte de vivre à nouveau.

RÉSULTATS :

Vous avez une majorité de A

Misère, surtout pas ! Ce n'est pas du tout le moment de lui annoncer votre grossesse. Cependant, si vous avez répondu « A » aux trois questions, il y a des chances pour que ce ne soit jamais le moment...

➔ Préparez-le/la avant de lui annoncer, mais ne traînez pas : il/elle appréciera encore moins d'avoir été mystifié.

Vous avez une majorité de B

Allez-y mollo... Ce n'est pas le moment idéal, mais il ou elle devrait pouvoir comprendre.

➔ N'hésitez pas à le ou la rassurer en insistant sur votre implication grandissante dans le service.

Vous avez une majorité de C

Foncez ! Vous avez hérité du chef le plus maternant du monde, alors dites-lui directement. Cependant, ne vous leurrez pas : il/elle reste votre chef.

➔ Ne lui annoncez pas comme une fleur que vous pensez prolonger par 6 mois de congé parental...

CARRIÈRE
MATERNITÉ

SCÈNE 4
Préparez votre départ... pour mieux revenir !

Vous allez donc partir en congé maternité. Et, un jour prochain, vous allez revenir. Il ne s'agit donc pas de partir comme une voleuse ! En anticipant votre retour, vous vous simplifiez la vie. Un départ mal préparé peut vous obliger à revenir au travail sur votre temps de congé maternité : alors faites-le bien.

« Il faut surtout rassurer votre N+1 », conseille Cédric Bruguière, responsable du recrutement et chroniqueur emploi. Il anime une équipe composée de 6 futures ou jeunes mamans et avoue : *« On se demande toujours si vous allez revenir, si oui quand et comment »*. Alors rassurez-le, n'hésitez pas. Même si il/elle n'aborde pas le sujet, prévoyez un rendez-vous de départ (dans son bureau, pas entre deux portes).

Impératif pour notre expert : partir « proprement ». Mettre à jour les dossiers, c'est primordial. Clôturer les négociations en cours si vous avez une activité commerciale, par exemple... L'idée est de ne pas laisser un dossier inachevé, au risque de vous mettre vos collègues à dos.

Second conseil : faire une « *to do list* » des choses importantes. C'est vrai : vos collègues ou votre remplaçante ne peuvent pas deviner ce qui vous restait à faire avant votre départ. N'hésitez pas à coucher sur le papier votre journée type avec un planning des tâches principales. Cédric Bruguière confirme : *« Avertir les personnes qui reprennent les dossiers, clients ou fournisseurs, qu'ils ne soient pas surpris. Certains, vieux jeux, ne voudront pas traiter avec un interlocuteur différent alors à vous de le mettre à l'aise. »*

Pour vous-même, il est important de prendre rendez-vous avec le service paie : dans certains cas, l'employeur maintient le salaire et dans d'autres, il ne rémunère plus et laisse le soin à la Sécurité sociale de le faire en direct. Aborder le sujet vous permettra d'anticiper. Certaines mutuelles versent des primes de naissance et quelques CE offrent des cadeaux de retour au travail : renseignez-vous !

➔ LES EXPERTS MAMAN TRAVAILLE

Combien de temps après mon accouchement puis-je retourner travailler ?

La réponse de l'expert : Céline de Nevers, sage-femme et maman de Layla

« Physiquement, de suite… mais la règle dite des 40 jours est présente dans beaucoup de traditions, je pense qu'elle est nécessaire. D'après des études menées dans les pays nordiques, un congé maternité de 6 mois paraît nécessaire à un bon équilibre parent-enfant. Mais chacune a sa propre histoire de retour au travail. »

Comment se faire prescrire un arrêt de travail pathologique (avant ou après grossesse) ?

J'entends déjà les gardiennes du trésor de la dette publique en France : « Quoi, se faire prescrire un arrêt de travail ? C'est une honte ! » Mais sachez que les arrêts pathologiques des femmes enceintes représentent moins de 1 % des exonérations de charges (les cotisations destinées à la Sécurité sociale et non payées par de grandes entreprises). Par ailleurs, pour la Sécu, mieux vaut 15 jours de congé pathologique et un accouchement qui se passe bien, qu'une femme qui va bosser malade et finit par accoucher prématurément à cause du stress. Voilà, nous sommes déculpabilisées, passons au cœur du problème.

Une maman qui travaille m'a confié que son médecin avait refusé de lui prescrire un arrêt maladie, alors qu'elle atteint 6 mois de grossesse, souffre d'une rhinopharyngite et d'une extinction de voix, d'aigreurs d'estomac comme on peut les imaginer en fin de grossesse, et est prof en ZEP. *« Prenez de la vitamine C et reposez-vous bien le week-end »*, lui a-t-il dit.

Un autre médecin m'avait dit à peu près la même chose quand, à la fin de mon congé maternité, je l'avais imploré de me laisser encore 15 jours, l'allaitement ne se passant pas aussi bien que prévu, le sommeil n'étant qu'un vague souvenir de jeunesse, le mode de garde n'ayant pas encore été trouvé, et la dépression post-partum me guettant. Sans aucune pitié, il m'avait suggéré de reprendre le travail, d'arrêter l'allaitement, et pour la garde, de laisser ma fille à la première nourrice que je trouverais en mettant une annonce à la boulangerie. Je me suis alors tournée vers la sage-femme qui avait suivi ma grossesse, et celle-ci m'a prescrit l'arrêt et délivré quelques conseils à mettre en œuvre en cas de contrôle de la CPAM, ou en cas de prolongation de l'arrêt.

Pour vous faire prescrire un arrêt de travail pathologique, voici 10 suggestions :

1. Faites-vous moche : ne mettez pas de boucles d'oreille, de maquillage... Une queue-de-cheval mal attachée, la peau nue, un t-shirt blanc crado et un jean douteux seront du meilleur effet. Ne vous lavez pas et ne vous parfumez pas.
2. Pendant que vous parlez, toussez, touchez votre visage, rongez vos ongles, mettez la main devant la bouche pour couvrir des nausées... Prenez l'air traumatisé.
3. Ne souriez en aucun cas, ou alors faites un petit sourire triste en levant un coin de bouche.
4. Conseil donné par ma sage-femme dans le cadre de la visite de contrôle de la Sécu : si vous avez déjà accouché, venez avec votre bébé à l'heure de son repas (ça fait plus misérable, une femme qui lutte pour sortir un biberon de son sac tout en se préparant).
5. Pleurez en disant « Pardon, je m'étais promis de ne pas pleurer ! », et pleurez de plus belle.
6. Exagérez tout. Vous avez eu un étourdissement ? Dites que vous êtes tombée dans les pommes. Vous avez eu des nausées ? Dites que vous avez vomi pendant une heure. Mais n'en faites pas trop non plus, il ne s'agit pas de se faire envoyer aux urgences !
7. Posez des questions idiotes et flippantes : on peut mourir à cause de la péridurale ? Est-ce que la folie, c'est génétique ? Le fœtus peut-il parler à travers le ventre de sa mère ? (Bon, ça, c'est si vraiment il ne veut toujours pas vous arrêter.)
8. À intervalles réguliers, tenez votre tête en fermant les yeux et en grimaçant. Puis redevenez normale.

9. Quand enfin vous avez votre arrêt, ne jubilez pas, continuez à être bizarre et abattue. Après une grossesse, quand on veut se faire prescrire un arrêt de travail, c'est la dépression post natale que choisissent souvent les médecins comme motif.

10. Jouez-la « Rémi sans famille », piochez au besoin des anecdotes sur http://jaime-ma-famille.blogspot.com

Quel intérêt de simuler des maux de tête, des nausées ou une dépression ? L'idée est tout simplement de vous faire arrêter le plus vite possible et le plus longtemps possible. Bien évidemment, cette démonstration est un brin exagérée pour l'humour...

Attention ! Une fois en arrêt pathologique, vous pouvez – comme pour tous les autres arrêts de travail – être contrôlée. Pour ne pas vous mettre en infraction en cas de contrôle (un médecin passe chez vous à l'improviste), demandez bien à votre médecin de cocher la case « sorties libres ». S'il ne le fait pas, vous devrez vous limiter aux horaires autorisés par la Sécurité sociale (10 h 00-12 h 00 et 16 h 00-18 h 00). Grâce à cette mention, même en cas de contre-visite patronale ou de contrôle du médecin de la Sécurité sociale, vos indemnités ne seront pas suspendues.

→ Astuce

Vous n'avez pas envie de détailler les raisons de votre congé patho à la DRH ? Prévenez-la par téléphone en faisant le 3665 pour tomber directement sur sa messagerie. Appel surtaxé, mais gain de temps assuré.

acte
2

Qui va garder bébé ?

Ouverture

C'est acquis, vous voulez travailler !
Mais, à de rares exceptions près, il s'avère délicat d'emmener son enfant avec soi...

SCÈNE 1
Modes de garde, modes d'emploi

« Qui va garder les enfants et combien ça va nous coûter ? » Trouver un mode de garde fiable, en lien avec les horaires de travail des parents et à un prix abordable relève du casse-tête chinois !

Les crèches sont surpeuplées, les assistantes maternelles difficiles à trouver à vos conditions, les crèches d'entreprises sont rarissimes, les crèches parentales lourdes à gérer et dans certaines grandes villes, il est même plus économique de cesser toute activité professionnelle pour garder son enfant ! Un comble.

Pourtant, régler la question des modes de garde des jeunes enfants réglerait bien des problèmes pour les entreprises (absentéisme des jeunes parents, productivité, etc.).

Unanimement, « améliorer les modes de garde » est le premier besoin cité par les mères actives. Leurs idées ne manquent pas : augmenter le nombre de crèches d'entreprises, rembourser la moitié des frais de garde, comme les frais de transports, mettre en place un 1 % garde d'enfant sur le modèle du 1 % patronal. Nathalie Labourier, photographe en Champagne-Ardenne a même trouvé un slogan : « 1 enfant = 1 place en crèche » !

Cette problématique est peu abordée par les politiques et les décideurs, en majorité des hommes. Pourtant, « Assurer à toutes les mères de jeunes enfants les moyens d'être actives supposerait presque un doublement du volume actuel de personnels de la petite enfance *(890 000 emplois, soit une hausse de 75 %)* », calculent les auteurs du Rapport Tabarot. En attendant ce jour providentiel, passons en revue les différentes personnes susceptibles de garder votre enfant pendant que vous gagnez votre vie.

L'expérience d'Héloïse, 23 ans, aide-comptable, maman de Lucas, 3 mois

« La nourrice me coûte très cher, même en comptant l'aide de la CAF. Entre son salaire, mes dépenses de trajet et de repas le midi, c'est bien simple : je travaille à perte ! Je paye pour travailler, en fait. Malgré tout, je préfère ça plutôt que de rester cloîtrée à la maison. »

➔ Zoom

Depuis 2002, en Autriche, les parents reçoivent chaque mois un « chèque garde d'enfant » pour financer leur mode de garde. Cette nouvelle allocation remplace l'allocation parentale d'éducation.

(Source : étude européenne CNRS)

quiz

QUEL MODE DE GARDE EST FAIT POUR VOUS ?

1. La personne la plus à même de s'occuper de votre enfant toute la journée, c'est...

(A) (E) Une puéricultrice diplômée
(B) (C) (D) Une mamie retraitée, une ancienne maman
(F) Personne d'autre que vous ou son père

2. Votre budget garde d'enfant :

(A) (F) (E) Il est tout petit ! Le moins possible...
(B) (C) Peu importe tant que bébé est heureux et que maman peut travailler l'esprit tranquille.
(D) 800 à 1 600 € mensuels environ.

3. Votre volume horaire de travail...

(A) De bureau, classique, et vous ne finissez pas trop tard (pas après 18 h 30)
(B) (C) (D) Décalées, ou avec une très large amplitude (9 h 00-20 h 00, 14 h 00-23 h 00...)
(E) (F) À mi-temps, en 4/5, selon votre bon vouloir

4. Votre temps de trajet domicile / travail :

(A) Moins d'1 heure
(B) (C) (D) 1 heure ou plus
(E) (F) (A) Moins de 20 minutes / vous travaillez à la maison

5. L'environnement idéal pour votre loulou :

- Ⓐ Ⓔ Des jeux, des copains, de l'éveil, l'apprentissage de la vie en société
- Ⓑ Ⓒ Une personne à plein temps qui lui est dédiée sans sortir de la maison
- Ⓒ Ⓕ Un mélange des deux : quelques copains, mais beaucoup de temps passé dans sa chambre

RÉSULTATS

Ⓐ La crèche

Dépêchez-vous de demander une place en crèche ! (voir page 48) Pour vous, rien ne vaut la collectivité. Pendant que vous déjeunez avec vos collègues, vous imaginez bien bébé déguster son biberon avec ses copains à lui. Le soir, vous vous raconteriez votre journée mutuellement…

Ⓑ La garde partagée

Avez-vous pensé à la garde partagée ? Une nourrice, deux ou trois familles : ça permet à bébé d'avoir des petits copains, aux parents de partager les frais de garde. Bonus : vous pourrez tout de même toucher les aides de la CAF.

Ⓒ La nourrice salariée

À plein temps et à domicile, est faite pour vous. Elle peut garder l'ensemble de la fratrie ou faire un brin d'entretien si vous vous êtes mis d'accord avec elle.

Ⓓ L'assistante maternelle

Pour vous, l'assistante maternelle est le mode de garde idéal. Bébé en petit comité, dans un appartement aménagé pour les enfants, c'est ce qui vous rassure le plus. Voir le chapitre consacré page 51 !

Ⓔ Les crèches particulières

Tournez-vous vers les modes de garde alternatifs : la mini-crèche, le jardin d'enfants, la crèche parentale ou associative vous permettront de confier vos enfants quelques heures par semaine tout en gardant une grande implication. Il en existe une multitude, renseignez-vous auprès des services municipaux.

Ⓕ Ses parents

Ou bien vous travaillez à la maison, ou bien votre compagnon est père au foyer... À moins que vous ne culpabilisiez encore de confier votre enfant pour pouvoir aller gagner votre vie ? Si c'est le cas, rendez-vous page 103 !

SCÈNE 2
La crèche, paradis des bébés

La crèche collective est de loin le mode de garde le moins onéreux. En effet, son tarif horaire est calculé à partir du quotient familial, le fameux quotient déterminé par la CAF prenant en compte vos revenus et le nombre de vos enfants à charge. Encore faut-il obtenir une place...

COMMENT SE FAIRE PISTONNER SANS PISTON ?

Rendez-vous à tous les événements organisés par la mairie. Galette des rois, arbre de Noël, fête de l'Été, feu d'artifice du 14 juillet, on doit vous voir partout vous et votre gros ventre : plus notable que les notables.

Glissez-vous pour serrer la main du Maire en donnant bien votre nom à chaque fois.

Inscrivez-vous pour participer au journal local et, forte de votre nouvelle qualité de journaliste de la ville, sollicitez une interview de l'adjointe au Maire en charge de la petite enfance pour faire connaissance. Être journaliste est un bon moyen de lier un contact.

> ➔ Insolite
>
> Un site propose d'être « l'agent des parents » pour les aider à trouver une place en crèche privée... : www.maplaceencreche.com

POURQUOI CETTE PLACE EN CRÈCHE EST À VOUS (ET PAS À LA NIÈCE DU MAIRE) ?

Sans mentir, ajoutez tout ce qui peut peser en votre faveur dans votre dossier et le faire atteindre le haut de la pile :

- Je suis mère célibataire. La plupart des crèches font passer les mères célibataires avant les autres. Si vous l'êtes, il n'y a aucune raison que vous n'ayez pas ce maigre avantage.

- J'élève seule mon enfant la plupart du temps, mon mari est en déplacement 3 jours sur 5. Vous n'êtes pas réellement mère célibataire, mais vous menez le même type de vie.
- Je n'ai aucune famille dans la ville, ni dans la région. Idem que la première.
- Je vote à toutes les élections, je suis très active localement : j'anime une association d'amateurs de fleurs / de futures mamans / de riverains... Le but est de montrer que vous êtes « leader d'opinion » et qu'il vaut mieux vous avoir de son côté pour les prochaines municipales. Aussi sinistre que cela puisse paraître, la majorité des élus pense d'abord « bulletin de vote » en attribuant les places en crèches, comme l'ont démontré de nombreux reportages.

→ Zoom

En France, il n'existe qu'une seule crèche ouverte 7 jours / 7 et 24 h / 24 : BabyLoup, fondée en 1991 par Natalia Baleato, Femme formidable 2009, marrainée par Élisabeth Badinter.

Récap' des étapes pour obtenir une place en crèche :

1. Se faire connaître (voir ci-dessus).
2. Envoyer une lettre de demande de place en crèche (voir page 236).
3. Se déplacer, et prendre un rendez-vous avec l'adjoint au Maire. Si son bureau refuse, rendez-vous à la permanence des élus le week-end, ou à défaut à la permanence du parti de l'élu pour exiger le rendez-vous, en tant qu'administré.
4. Lors du rendez-vous, expliquer que la crèche est votre UNIQUE option.
5. Envoyer un courrier (pas un appel, un courrier) pour remercier. L'idée étant que votre dossier reste toujours à l'esprit, ou de l'adjoint, ou de l'assistant de son bureau.

6. Remercier l'assistante personnellement : c'est votre clé pour entrer, si elle n'a pas envie de vous donner un rendez-vous, c'est fichu.
7. Après la naissance, envoyer un faire-part.
8. Assister aux conseils municipaux, ouverts au public, vous mettre au premier rang avec votre bébé.

➔ Les maires et adjoints sont des élus de proximité, ils sont souvent disponibles. Si ce n'est pas le cas, n'hésitez pas à vous rabattre sur les permanences locales.

Une fois la place réservée, tout est pris en charge par l'équipe. Une directrice, des puéricultrices, des auxiliaires s'occuperont de votre enfant.

Les + : la rencontre d'autres bébés, l'abondance de jeux et de structures (piscine, toboggans, jardins), les visites de professionnels (pédiatres, pédopsychiatres, psychomotriciennes), le tarif, la sécurité maximale...

Les – : les horaires fixes souvent restreints, la fermeture pendant les vacances d'été, sortir Bébé même en plein hiver pour l'y amener, le refus de certaines crèches de le garder lorsqu'il est malade.

Le conseil de Camilla, 28 ans, deux enfants

« J'ai déposé un dossier de place en crèche à la mairie. En parallèle et même si officiellement, ça ne sert à rien, j'ai contacté la directrice de la crèche pour me présenter. On a sympathisé et quand un bébé a déménagé, elle m'a immédiatement appelée pour me prévenir que la place était libre, et a placé mon dossier en haut de la pile ! »

SCÈNE 3
Ass' Mat', nounou, ces bonnes fées

Elles ont parfois mauvaise presse à cause de quelques faits divers et pourtant, les assistantes maternelles sont de plus en plus professionnelles. Avec un coût en partie pris en charge par la CAF, l'AM ou Ass' Mat' (c'est son petit nom) est l'alternative la plus courante à la crèche. Combien coûtent-elles ? Comment les choisir ? Quelles aides vous seront allouées ?

L'assistante maternelle et la nourrice ne sont pas les mêmes professions : une assistante maternelle est agréée par le service de Protection Maternelle et Infantile du Conseil Général[1], et garde plusieurs enfants à son propre domicile. L'agrément vous permet de toucher des aides de la CAF.

En revanche, la nourrice peut garder à votre domicile votre enfant et peut faire d'autres tâches comme le petit ménage lié à la garde du bébé pourvu que ce soit convenu au départ. Vous devrez la salarier, ou passer par une agence de nourrices et ne pourrez pas bénéficier des aides de la CAF.

Être employeur d'une personne donne certains droits mais aussi des devoirs et des contraintes. Devoir de rédiger un contrat de travail, de respecter le Code du travail (par exemple, vous ne pouvez pas licencier quand bon vous semble la nourrice), devoir de la rémunérer chaque fin de mois régulièrement, de respecter les horaires annoncés, de la traiter dignement (on ne fait pas laver ses chaussettes à la nourrice, sauf si elle est employée de maison). Avoir à rédiger des bulletins de paie peut effrayer, mais on trouve de nombreux modèles sur Internet.[2]

Établir ensemble une sorte de charte est primordial :

- A-t-elle le droit d'emmener vos enfants en voiture ? Si oui, a-t-elle le siège auto adapté ?
- Son assurance ou la vôtre couvre-t-elle les déplacements ?

1. http://www.pajemploi.urssaf.fr/pajeweb/amat.jsp
2. http://www.employer-une-nounou.info/assmat/paie/CP_pris.php

- Qui fournit les couches, les repas : elle ou vous ?
- A-t-elle le droit d'emmener vos enfants faire les soldes ?
- ... de leur donner des médicaments s'ils ont de la fièvre ?
- ... de les mettre au coin ?
- Les heures commencées sont-elles payées ?

Si la garde a lieu chez vous :

- Peut-elle se servir dans le frigo ou doit-elle apporter ses propres repas ?
- A-t-elle le droit de recevoir de la visite ?
- ... de regarder la télévision ?
- Lui demandez-vous de faire du ménage ?
- Qui peut-elle contacter si elle oublie les clés ?

Toutes ces questions vont vous sembler superficielles sur le moment, mais il vaut mieux anticiper les litiges. Charge à vous de mettre tout cela par écrit pour elle.

➔ LES EXPERTS MAMAN TRAVAILLE

Je ferais bien appel à une aide à la maison, combien ça coûte ? J'aurais des aides ?

Réponse de Rachel Guez, Directrice d'une agence de services à Paris[3], mère de deux enfants et belle-mère de deux enfants

« Une aide à la maison (type garde d'enfants) est en général facturée entre 20 et 22 €/ heure par les sociétés prestataires de services à la personne. Parfois des frais de gestion ou d'adhésion sont ajoutés. Mais ce tarif ne représente pas le coût réel horaire, car ces prestations ouvrent parfois droit à des aides de la CAF et à 50 % de réductions d'impôts sous certaines conditions. N'hésitez pas à demander une simulation. »

---

3. CLOE Services.

➔ Zoom

Votre enfant a des besoins particuliers (allergie, éducation dite positive) ? Vous trouverez la nounou adaptée sur www.nounou-nature.com

➔ À savoir

Les collectivités territoriales ont mis en place des RAM, relais d'assistants maternels. Ce lieu d'accueil, d'écoute et d'information est utile aux assistants maternels qui veulent retrouver des collègues ou proposer des activités collectives aux enfants. Le RAM est aussi utile pour les parents : une permanence vous renseigne sur les salaires, les indemnités, les congés, les bonnes pratiques à instaurer. Le RAM peut jouer le rôle de médiateur en cas de litige entre parents et assistant maternel. Il accueille enfin les mamans qui travaillent... comme assistantes maternelles. Renseignez-vous auprès de votre mairie !

SCÈNE 4
La baby-sitter de ses rêves (et des nôtres)

Sélectionner et rémunérer une baby-sitter, c'est toute une histoire. Entre mythes (nous avons toutes en tête à la fois Mary Poppins et la fille au pair canon de *Sex & the City 2*) et réalité (souvent beaucoup moins caricaturale), comment la choisir et la garder ? Combien la payer ? Faut-il l'espionner ou pas ? Doit-on être jalouse de la baby-sitter ?

Le mode de sélection tout d'abord est une équation quasi insoluble pour une jeune maman. Le bouche à oreille reste la méthode la plus sûre – quoi qu'on ne soit pas à l'abri d'une surprise. Les CROUS, centres d'étudiants, disposent souvent de candidates, de même que les mairies qui mettent parfois en place une liste de baby-sitters disponibles. À défaut, tournez-vous vers Internet où sites d'annonces côtoient sites d'agences professionnelles.

ENTRETIEN D'EMBAUCHE DE LA BABY-SITTER, MODE D'EMPLOI

Le feeling est important, mais il faut se baser aussi sur des éléments concrets :

- Arrive-t-elle à l'heure ?
- Dit-elle bonjour à votre enfant ?
- Vous regarde-t-elle dans les yeux en disant bonjour ?
- Pose-t-elle son manteau n'importe comment ?
- Pendant l'entretien, parle-t-elle à votre enfant ?
- Établit-elle un contact visuel avec lui ?
- Établit-elle un contact physique avec lui (petit bisou, câlin...)?

Demandez-lui de décrire une journée type avec votre enfant : ça vous permettra de voir si vous partagez les mêmes envies et attentes.

Quelques questions pour connaître la vérité sans la demander

Combien d'heures de télé maxi par jour pour un enfant ?

Au-delà de 3 heures, fuyez ! Bonnes réponses possibles : je préfère leur faire faire des jeux que regarder la télé ; un DVD après la sieste en cas de pluie ; je me cale sur les habitudes des parents...

Question piège : Et vous, quels sont vos programmes TV favoris ?
Si elle vous répond des titres de séries ou d'émissions diffusées en journée, demandez-lui ce qu'elle compte faire des enfants pendant ce temps.

Quelle est la boisson idéale ?

Du café ou du coca n'est évidemment pas la bonne réponse, qui est : de l'eau. Si elle répond du sirop et que vous-même êtes habituée à lui en donner, accordez-lui un point.

Question piège : Avez-vous l'habitude de donner du Coca plutôt au biberon ou plutôt au verre ?
Si elle répond alors que votre enfant a moins de 1 an, c'est mauvais.

Que faites-vous dans la demi-heure avant le coucher des enfants ?

Si elle répond : « on fait un cache-cache » ou « du vélo » ou « on joue aux fléchettes », elle a faux. La bonne réponse est un jeu calme, suivi de rituel du type toilette / couche changée / dents brossées s'il a des dents / lecture d'une histoire ou chanson.

Question piège : Si bébé ne veut pas dormir, quelle activité faites-vous ?
La bonne réponse est : aucune, je vérifie sa couche, je vérifie qu'il/elle n'a pas faim ou soif, qu'il/elle n'a pas trop chaud ni trop froid, n'a pas de fièvre, a bien son doudou et je le/la berce ou lui chante une chanson.

Attention, il ne s'agit pas de vérifier qu'elle soit parfaite. Même face à la réincarnation de Françoise Dolto, vous trouveriez à redire, soyez honnête. Alors certes, cette femme n'est pas vous, mais elle aime suffisamment les enfants pour avoir envie d'en faire son métier ou son gagne-pain d'étudiante. Faites-lui confiance au moins pour un essai !

Pour info, si vous décidez de ne pas déclarer votre baby-sitter (cas le plus courant), vous ne bénéficierez pas de réduction d'impôts. En cas d'accident, vous ne serez pas couvert non plus. Dans la série « illégal », si vous décidez de la filmer pour la surveiller, vous devez la prévenir par écrit au préalable.

3 RÈGLES D'OR POUR GARDER MA BABY-SITTER

Après des semaines de recherche (voire des mois, pour les grandes villes), vous avez enfin mis la main sur LA baby-sitter idéale : elle est jeune mais expérimentée, assez timide pour ne pas détourner l'attention de Monsieur Père mais assez jolie pour ne pas effrayer Bébé, elle est toujours à l'heure, ne semble pas se droguer, n'a encore rien volé et connaît par cœur l'intégrale de Petit Ours Brun...

Mais, problème, vous avez vu la vilaine voisine (vous savez, celle qui rentrait déjà dans son jean slim un mois après son accouchement) essayer de... la débaucher ! Comment faire pour garder votre baby-sitter ? Voici 3 règles d'or à suivre scrupuleusement...

1. Ayez confiance !

Une caméra cachée ? N'y pensez même pas ! La confiance s'acquiert, certes, mais la confiance est surtout réciproque : comment voulez-vous instaurer de bonnes relations avec quelqu'un que vous « fliquez » ? De même, oubliez le code sur la télé ou sur le téléphone : après tout, si elle regarde une rediffusion de *Plus Belle la Vie* pendant que Bébé dort, ou si elle appelle son petit copain 10 minutes depuis votre fixe, est-ce si grave ? Mieux : soyez claire dès le début. Dites-lui en partant qu'elle peut regarder la télé (« Quand Bijounette sera couchée »), téléphoner (« Sur des numéros fixes ») et se servir dans le frigo (« Sauf le saladier, c'est pour demain »).

2. Soyez attentionnée

Si vous avez fait du baby-sitting vous-même, vous savez ce que c'est de donner son entremets vanille à un bébé pendant que votre propre ventre fait « grr grr »... et en mourant d'envie de lui piquer sa cuillère ! Que celle qui n'a jamais mangé un Prince en cachette lors d'un baby-sitting lui jette la première pierre. Alors, prévoyez pour la baby-sitter un petit dîner : une assiette de pâtes et une salade de fruits, une soupe et une part de tarte... Renseignez-vous avant sur ses goûts, elle appréciera le geste.

3. Payez-la convenablement !

C'est-à-dire au minimum 7 € de l'heure. Si elle est expérimentée ou que vous avez eu du mal à la trouver, vous pouvez aller jusqu'à 10 € de l'heure. Si vous ne pouvez pas la payer autant, proposez-lui un forfait mensuel. Elle a la correction d'être ponctuelle ? Faites de même, et si vous lui dites que vous rentrez à minuit, ne soyez pas de retour à 3 heures du mat', c'est une question de respect. Les pièces jaunes sont proscrites : elle garde la prunelle de vos yeux, elle ne vient pas faire la manche. Si vous ne la raccompagnez pas et que vous habitez à Perpète-les-Alouettes, pensez à lui payer le taxi.

➔ Zoom

Le SMIC horaire net est d'environ 7 €. Ne la payez pas moins !

SCÈNE 5
Scoop : mes parents ne sont pas un mode de garde

Ma mère ne m'aide pas, c'est normal ? Mes beaux-parents gardent bébé tous les mercredis : quelles conséquences ? Les relations parents-enfants sont déjà assez difficiles en temps normal, mais après une naissance, tous les non-dits se cristallisent. C'est le moment propice aux règlements de comptes familiaux, mais aussi aux retrouvailles...

Faire garder bébé par belle-maman est gratuit, pensez-vous ? Grave erreur ! Elle pourrait vous le faire payer cher ! Si vous confiez votre enfant à ses grands-parents, souvenez-vous que vous leur déléguez une part de votre parentalité et qu'il sera très difficile d'émettre la moindre critique sur leurs choix, car l'argument « On le fait gratuitement » sera la réponse à tout.

De nombreux grands-parents n'ont pas le temps ou l'envie de s'occuper de leurs petits-enfants. Par ailleurs, l'âge du départ à la retraite est repoussé sans cesse : difficile pour ces jeunes grands-parents de trouver du temps.

Le témoignage de Suzanna, 36 ans, infirmière en chef, maman de Bastien 5 ans et Loanne 2 ans

« À la naissance de mon fils, mes parents m'ont prévenue : hors de question de leur "refiler le bébé". Ma mère a eu sept enfants, elle n'avait pas envie de remettre ça avec les petits-enfants. Ils ont tenu parole, mon aîné a 5 ans et ils l'ont gardé une seule fois, pendant deux heures, ma cadette a 2 ans et elle n'est encore jamais allée chez ses grands-parents. Tant pis pour eux, ils ne savent pas ce qu'ils perdent... »

De la même façon, il devient rare de vivre dans la même ville que ses parents. Nous sommes la première génération de mamans à avoir, en majorité, des parents divorcés. Séparation, recomposition, éloignement, pas toujours facile de gérer. On assiste aussi à l'arrivée d'une génération de séniors-boomers qui entendent bien « profiter de la vie » : mamie préfère partir en Croisière tout l'été plutôt que de garder les enfants, et papy célèbre son troisième mariage. Relativisez et n'hésitez pas à chercher du soutien en-dehors de la cellule familiale : PMI, belle-famille, amies ou collègues plus âgées, nourrices, puéricultrices, pédiatre... et bien sûr les blogs de mères actives !

Belle-maman garde bébé, comment éviter le drame familial ?

1. Posez des limites. OK, elle s'en occupe, c'est gentil-adorable-mignon-tout-plein, merci Mamie. Mais ce n'est pas pour ça qu'elle doit prendre votre place ! Quand elle va trop loin, sachez-lui dire gentiment. Parlez-lui, crevez l'abcès, n'envoyez pas votre homme le faire à votre place, ce serait une source de conflits dans votre couple.
2. Mais laissez-lui de la liberté. Si elle doit passer 7 heures avec votre enfant, elle doit pouvoir être un minimum libre de son emploi du temps. Vous téléphoner avant chaque sortie, vous demander si vous préférez les couches Pampers ou Huggies, si ça vous ennuie qu'elle lui donne des carottes... Ça ne sera pas gérable. Se faire raconter la journée OK, demander un compte-rendu heure par heure, non...
3. Soyez polie, dites merci ! Elle vous rend service, peut-être même vous fait faire des économies, alors remerciez-la. Mais ne vous sentez pas non plus redevable à vie !

Le témoignage de Nadia, 28 ans, cuisinière, maman de Sara

« J'avais une peur : que ma fille fasse ses premiers pas chez ma mère et pas avec moi. Ma mère savait que c'était important pour moi et elle a été super classe : elle ne m'a pas dit que Sara avait fait quelques pas, ce qui m'a laissé la joie de le découvrir moi-même et de crier : "elle a fait ses premiers pas !" Je l'ai appris plus tard par hasard, ma mère m'a dit qu'elle ne voulait pas "me voler" ce moment. J'ai réalisé que ce qui comptait pour moi n'était pas tant "ses premiers pas" que "ses premiers pas avec moi". »

Le saviez-vous ?

Il existe un site de rencontre intergénérationnelle pour les petits-enfants qui n'ont plus leurs grands-parents et des aînés, bien décidés à être des « grands-parents de cœur » : www.supergrandparents.fr

acte
3

De retour au bureau

Ouverture

Certaines mères assurent que retravailler
les a sauvées du baby-blues !
Que ce soit une délivrance ou une souffrance,
tout peut se dérouler en douceur…

SCÈNE 1
Les premières fois des mamans

Après 9 mois de fusion totale, suivis souvent de quelques mois de fusion presque aussi totale, le temps est venu pour tout le monde de vivre sa vie…

PREMIER JOUR AU TRAVAIL, DERNIER JOUR DE MAMAN ?

Non, bébé ne prend pas encore son indépendance, un studio sur le campus et un job d'équipier dans la restauration rapide, mais pour vous, en cet instant, c'est tout comme. Eh, oui ! Vous allez bientôt vivre votre première séparation… Voici tous les conseils pour que le retour au travail se passe pour le mieux !

Comment préparer bébé à la première séparation ?

Pour Jocelyne, puéricultrice depuis plus de 17 ans en crèche collective, le secret de la séparation est simple : c'est l'adaptation. « *Trop de parents négligent cette partie* », affirme-t-elle. Pour elle, une bonne adaptation se fait sur 1 mois au minimum. « *La maman, ou le papa, commence par rester une petite heure avec le bébé. Puis ils le laissent une heure. Puis deux, puis trois… mais tout cela doit se faire dans la durée, pas tous les jours !* »

Un conseil que l'on peut appliquer aussi chez une assistante maternelle. « *L'intérêt de l'assistante maternelle, c'est que le bébé se sentira comme chez lui* », explique Cécile, 34 ans, ass' mat' depuis 3 ans. « *Je recommande toujours aux mamans de faire un échange : elles donnent un foulard ou un t-shirt porté à leur bébé, et elles emmènent au travail un body de leur nourrisson. Plus efficace que n'importe quel doudou, et anti-coup de blues garanti pour les mamans en début de déprime post-partum…* »

Attention ! Au moment de la première séparation et dans les semaines qui suivent, votre petit peut manifester son mécontentement de plusieurs manières : certains bébés boudent leur maman le soir pour « la punir » d'être partie, des enfants de 2/3 ans peuvent se mettre à bégayer du jour au lendemain, des bébés « propres » peuvent se mettre à faire pipi au lit ou à salir leur culotte... Tout en étant très attentive, il ne faut pas s'alarmer : c'est plutôt sain que votre enfant exprime ce qui le chagrine, à sa façon. N'hésitez pas à verbaliser en lui disant : « Maman part au travail, elle reviendra tous les soirs. Au travail, je fais beaucoup de choses et toi de ton côté tu vas faire aussi beaucoup de choses ! » Si les symptômes persistent au-delà de quelques semaines, consultez un pédiatre ou un pédopsychiatre qui pourra vous donner des conseils.

Pour résumer, quel que soit votre mode de garde :

1. Définissez bien le champ d'action de la personne qui s'occupe de votre bébé, au besoin en utilisant un petit « cahier de liaison », où vous pourrez noter ses événements récents (maladies, renvois) et où vous pourrez lire le compte-rendu de sa journée (repas, activités éventuelles).
2. Laissez-lui un habit à vous, et prenez-en un à lui. Sans oublier d'en prendre un pour le papa... Toutefois, au travail, sentez-le discrètement pour éviter le syndrome « j'ai un nounours en colonie de vacances, et c'est la honte totale ».
3. Prenez la période d'adaptation au sérieux ! Une heure pour commencer, une fois par jour au début.
4. Si vous allaitez, prenez vos dispositions pour tirer votre lait régulièrement (une pièce doit être aménagée au bureau, c'est obligatoire dans les grandes entreprises) ou pour le sevrer tranquillement au préalable. Parlez-en au pédiatre !
5. Autorisez-vous un appel... pas plus. Vous avez le droit d'être rassurée, mais pas de harceler la crèche ou la nourrice !
6. Agissez de concert avec l'équipe de la crèche ou l'assistante maternelle. Ayez confiance en elles et en leur savoir-faire, confiez-vous à elles sur votre bébé, elles sont là pour vous aider. Ne les traitez pas comme des bonnes à tout faire...

7. Octroyez-vous un petit plaisir aux retrouvailles avec bébé ! En sortant du travail, un cours de massage maman / bébé, une activité bébé-nageurs, ou tout simplement un gros câlin !

Le conseil de Marie, fonctionnaire, maman de Théo, 4 ans et Maïa, 6 mois

« Créer un cahier, comme un cahier de liaison avec les heures de sommeil, biberons, activités pratiquées pendant la journée, des éventuels médicaments ou poussées de fièvre. C'est toujours pratique d'avoir une trace écrite, ça permet de suivre l'évolution et d'être au courant de tout. »

Attention ! Pour que le changement se passe en douceur pour tout le monde, n'hésitez pas à échelonner la séparation. 1re étape : vous accompagnez votre enfant pour une demi-journée chez la nourrice, à l'école ou à la crèche et rentrez à la maison (ou allez chez le coiffeur, certaines jeunes mamans notant que rentrer seule chez soi aurait, pour elles, un côté déprimant) avant de retourner le chercher. 2e étape : vous faites la même chose sur une journée entière. 3e étape : vous faites la même chose… en allant travailler au lieu de rentrer à la maison ! L'intérêt ? En échelonnant ainsi, vous faites une chose à la fois et ne vous submergez pas d'émotions la même journée (« vais-je arriver à travailler ? est-ce que mon enfant va survivre loin de moi ?, etc. »). Sinon, c'est pleurs assurés…

« Oh, mon bébé, c'est le plus beau des bébés ! » Limitez les louanges de votre enfant par procuration. OK, vous avez envie de parler de Lui ou Elle à longueur de journée, mais sans doute pas vos collègues et encore moins votre chef de service. Eux, ils ont envie de parler planning, horaires, marge brute, contrats, développement, à la limite programme télé de la veille, mais sans doute pas biberons et couches à longueur de journée. Souvenez-vous, quand vous n'aviez pas d'enfant, combien vos collègues-mamans vous ennuyaient à vous montrer les photos de leurs enfants et à vous raconter leurs progrès.

RETRAVAILLER APRÈS UNE PAUSE-BÉBÉ

Faire de son congé parental (si vous avez décidé de prolonger le congé maternité de quelques mois) une expérience professionnelle, rassurer les recruteurs, ne pas culpabiliser, s'organiser pour continuer à voir bébé une fois le travail repris : autant de défis quotidiens pour les mères actives.

Souvent, en partant en congé parental ou en arrêtant de travailler quelques mois, on se dit : « *J'arrête quand je veux, je reprends quand je veux* ». Malheureusement, la réalité n'est pas aussi simple. Une fois que vous avez quitté le marché de l'emploi, il va être difficile d'y revenir. Le temps joue contre vous : plus vous vous arrêtez, plus vous allez peiner pour retrouver un emploi. Il faut le savoir.

Comment parler de mon congé parental ?

1. Assumez. Vous n'étiez pas au chômage, vous n'étiez pas en arrêt de travail, vous n'étiez pas en prison (et quand bien même !), vous étiez en congé parental. Cette solution était voulue, étudiée, consentie, et vous a permis de vous consacrer à votre enfant, ce qui vous permet aujourd'hui d'être pleinement épanouie et disponible pour votre carrière.
2. Transformez-le en expérience. Même seulement quelques jours, suivez une formation, apprenez une nouvelle langue étrangère, faites du bénévolat, conduisez un projet personnel (organisation de soirée ou d'événement, création de site Internet, activités associatives)… Tout ce qui vous permettra d'ajouter une ligne avec l'année de votre congé parental, juste histoire que la première année figurant sur votre CV ne soit pas 1997.
3. Gardez le contact avec le monde du travail en général et avec votre secteur d'activité en particulier. Le jour de votre retour ou de votre entretien d'embauche, citez des lectures ou des chiffres montrant que vous vous intéressez toujours à votre travail. Abonnez-vous à la presse spécialisée quelques mois avant.

Une fois le chemin du travail retrouvé, il vous faudra arrêter d'idéaliser la période où vous restiez à la maison avec votre enfant. « Lorsque vous avez été pendant plusieurs mois dans une position de maman avec des activités bien cadrées, un certain rythme calqué sur celui de votre enfant, il vous faudra faire le deuil de cette période », explique la psychologue du travail et responsable de CAPAP Sylvie Sanchez-Forçant, sur le site France 5 Emploi.

Rempiler dans la joie et la bonne humeur !

Voici quelques mantras à graver dans un coin de votre tête pour voir la vie en rose au moment de votre reprise…

- Souvenez-vous de toutes les choses que vous n'aimiez pas en restant chez vous (il y en a forcément !) : l'ennui, les tâches ménagères, la solitude…
- Pensez à votre compte en banque, plus garni grâce à votre salaire : les trois premiers mois, offrez-vous un petit cadeau avec la différence de gain.
- Prévoyez un déjeuner sympa pour le premier jour : avec vos collègues, une amie, dans un bon restau avec un magazine…
- Ayez un objectif le soir même pour ne pas déprimer. Un super film avec votre amoureux, une soirée maman-bébé, un apéro avec des voisins, pourquoi pas une fête pour célébrer la reprise de votre travail ?
- Lâchez prise ! Laissez respirer bébé, qui en a sans doute « ras-le-bob » de passer 24h/24 avec la même personne (vous) et se réjouit de voir un peu de monde : la nounou, la maîtresse d'école, des gens, et de se faire des amis. Comme vous, en fait…
- N'appelez pas vos copines mères au foyer ou en congé parental pour leur raconter votre reprise, elles tenteraient forcément et c'est humain de vous faire miroiter votre ancienne situation.
- Parlez de votre journée et de vos émotions à des mères dans le même cas que vous, qui sauront vous faire relativiser, sur mamantravaille.fr par exemple.

SCÈNE 2
Plus belle, la vie au bureau

Dans une journée, on passe en moyenne 80 % de notre temps éveillé au travail. Une bonne raison pour en faire un moment agréable et pas seulement une contrainte. « *Trouve un travail que tu aimes, et tu n'auras pas à travailler un seul jour de ta vie* », disait Confucius. C'est un luxe, mais pas un luxe inaccessible.

VIVEMENT LE TRAVAIL, QUE JE ME REPOSE SANS LES ENFANTS

Unanimement, les mères actives affirment qu'avoir un enfant leur a ouvert d'autres possibles. Des carrières auxquelles elles n'auraient pas rêvé, ou des progressions, des ressources de fierté de leurs enfants. La maternité permet également de relativiser : « *Oui, le travail c'est important, mais n'importe quelle mission ne sera jamais plus urgente qu'un repas de bébé, n'importe quelle promotion ne sera jamais aussi gratifiante qu'un sourire* », affirme Sonia, intérimaire et mère d'un bébé de 6 mois.

Certes, mais pour une maman, le travail c'est un peu une récréation. Que celle qui n'a jamais dit, un dimanche entre cris, caprices ou autres réjouissances « vivement lundi que je me repose au travail » nous jette la première pierre. Alors faire ce qui nous plaît, travailler le cœur léger, bien installée, et même organiser des fiestas aux frais de la société (on appelle ça du *team building* ?), c'est possible et même nécessaire !

L'expérience d'Aimée, responsable *supply chain*, mère de Mathilde, 5 ans

« C'est l'histoire d'une fausse bonne idée. J'ai la chance de travailler à moins de 15 minutes de chez moi alors la première année d'école de ma fille, j'allais la chercher pour qu'on rentre manger à la maison. Bilan : sur 1 h 20 de pause, je passais 40 minutes à aller la chercher, rentrer à la maison et repartir et seulement une demi-heure à la maison. Si on compte 10 minutes de temps de cuisson pour les pâtes, on devait manger en 15 minutes chrono. La galère, la course tous les midis et les retards à n'en plus finir. Dès la deuxième année, ça a été cantine pour

elle et moi, on a pu digérer correctement sans courir ! Aujourd'hui, mon conseil c'est : cloisonnez. La journée au boulot, le soir aux fourneaux, pas les deux en même temps. »

AVEZ-VOUS TROUVÉ VOTRE VOIE ?

Comment vous décider à dire « je veux travailler » ?

La décision de reprendre le travail après un congé maternité ou une pause bébé peut mettre longtemps à faire son chemin. Période propice à la remise en question, la maternité est l'occasion de remettre à plat ses choix professionnels... Dans ces cas-là, faire une grille d'évaluation comme les recruteurs le font à notre sujet peut aider un peu à se positionner. Par exemple :

Critères		**JOB 1**	**JOB 2**	**JOB 3**	**JOB 4**
Intérêt	/5				
Secteur d'activité	/3				
Autonomie	/3				
Salaire	/3				
Distance, trajets	/2				
Considération du statut de maman	/2				
Feeling	/2				
TOTAL	**/ 20**				

Bien entendu, il s'agit là d'un exemple et vous pouvez ajouter vos critères personnels, d'après l'importance que vous-même leur accordez.

➔ À savoir

Maman valide ses acquis de l'expérience : vous avez eu votre premier enfant jeune, vous avez arrêté vos études pour travailler : faites valider cette expérience !

Il existe deux sortes de VAE : la VAE « pure », qui vous donne un diplôme, et la VAE pour poursuite de formation. Dans le premier cas, l'obtention du diplôme est une fin en soi. Par exemple, vous avez un bac pro commerce mais vous travaillez comme responsable de boutique depuis 5 ans : vous passez un BTS Management des Unités commerciales pour avoir le titre, et vous en servir dans votre carrière. Dans le second cas, l'obtention du diplôme vise à poursuivre vos études.

Mais il ne faut pas s'imaginer que la VAE sera facile et qu'elle permet d'obtenir un diplôme sans suivre d'études. Il faut en général avoir travaillé au moins 36 mois dans le secteur concerné, et préparer tout un dossier de préinscription auprès de l'établissement choisi (pour cela, un premier entretien d'orientation vous aidera). Ensuite, vous devrez concevoir un dossier de la taille d'un mémoire puis, quelques mois après, argumenter auprès d'un jury sur la base de votre dossier, constitué de toutes vos fiches de paie, factures, publication, recherches, etc.

Le financement est également légèrement compliqué : en région parisienne, le Conseil régional vous offre un premier entretien d'orientation à suivre à la CCI (Chambre de Commerce et d'Industrie) gratuitement, donc ; mais ensuite charge à vous de vous débrouiller. Le coût total peut varier de 700€ à 8000€. Si vous êtes salariée, le DIF peut permettre à votre employeur de vous offrir cette VAE, si vous êtes à votre compte ou entrepreneuse, renseignez-vous auprès de votre expert-comptable, il y a de fortes chances que vous cotisiez. Enfin, réellement motivées et prêtes à quelques sacrifices, vous pouvez décider de prendre vous-même en charge cette formation. Il faut également prévoir du temps et des frais de déplacement si le diplôme que vous visez ne se délivre pas dans votre ville.

COMMENT OPTIMISER SA PAUSE DÉJ' ?

Avant tout, un principe de base : on ne renonce pas à sa pause déjeuner sous prétexte qu'on est débordée ! Avaler rapidement un petit sandwich triangle devant son écran d'ordinateur ou dans sa salle habituelle de travail, c'est trop triste. De plus, en ne prenant pas de pause, vous vous mettez en infraction avec le Code du travail et risquez de vous épuiser plus vite que la musique.

En revanche, vous pouvez utiliser ce temps disponible pour vous avancer dans des corvées peu réjouissantes : RDV chez le dentiste, chez le gynécologue, courses de la semaine à l'exception du frais (conserves, couches, boissons, produits d'entretien, etc.).

5 choses fun à faire pendant la pause dèj'

1. Un soin : aller se faire épiler, faire un soin du visage, une pédicure… tout ce qui fait du bien à votre petit corps.
2. Du sport : un cours de gym, un tour à la salle de sport, un jogging, des longueurs à la piscine, bref pendant que les autres ingèrent des calories, vous, vous en perdez.
3. De la lecture en solo : un petit bento, un sandwich ou une salade et un bon livre. Sur un banc dans la rue, dans un parc municipal, dans la salle de pause : vous avez 45 minutes pour vous plonger dans la lecture d'un bon roman.
4. Une séance de cinéma : l'idée peut sembler insolite, mais une séance de cinéma dure en moyenne 1 h 45 à 2 h 15. Si votre pause est d'une durée conséquente, à vous les salles obscures avec un sandwich ou des pop-corn ! Avec une petite pause, repérez les salles de cinéma alternatif qui proposent des courts et moyens métrages.
5. Déjeuner avec les enfants : vous ne travaillez pas trop loin de la crèche, l'école ou la nounou ? Une fois de temps en temps, un déjeuner maman / bébé peut faire plaisir à tout le monde.

À CHAQUE JOUR SUFFIT SA FÊTE

Une fois que vous êtes retournée au travail, rien ne vous oblige à être sinistre. Par ailleurs, vous vous apercevrez vite que, une fois devenue maman, les occasions de faire la fête se raréfient. De bonnes raisons pour accepter voire initier toutes les fêtes de bureau…

- Arrivées en tous genres (« *Entre ici, Jean Moulin…* »)
- Départs (« *Au revoir, au revoir, président…* »)
- Promotions, augmentations (« *C'est le promu qui paye !* »)
- Licenciements (« *C'est toujours un dernier repas gratuit de pris…* »)
- Anniversaires (« *Joyeux anniversaire, tu vis dans un zoo, tu ressembles à un singe vert…* »)

- Anniversaires des enfants (« *Déjà 3 ans, la petite Mirza... – C'est Maya et elle a 4 ans, mais merci* »)
- Mariages, baptêmes, bar-mitzva (« *Alors comme ça, vous n'êtes pas Juif ?* »)
- Été (« *Sortez les shorts et les tongs au bureau !* »)
- Noël (« *Et ils sont oùùùù, et ils sont oùùù, et ils sont oùùù les bons d'achats, lalalala ?* »)
- Nouvel an (« *Résolution : pas un an de plus dans ce cloaque !* »)
- Épiphanie (« *Carl, vous êtes le roi...* »)
- Clôture du bilan comptable (« *Ouais, ouais, 189 967 millions d'euros pour les actionnaires ! Mousseux pour tout le monde !* »)

Rien de plus simple qu'organiser une fête au travail. Les invités sont déjà sur place et le lieu est tout trouvé. Toutefois, une erreur peut vous stigmatiser pour la vie...

5 erreurs à ne pas commettre pendant une fête au bureau

1. Nommer la standardiste fan de Mylène Farmer responsable de la musique. Choisir une compil' *Chœurs de l'Armée rouge* ou *Chants révolutionnaires* dans une entreprise du CAC 40. Une musique simple au goût de tous (classique pour une fête chic, tubes de la Motown type James Brown mettent en général tout le monde d'accord).
2. Faire comme si c'était votre fête personnelle et choisir les plats en fonction de vos goûts. On bannit le porc dans le doute, on y va mollo sur les mets hypercaloriques... On privilégie l'eau minérale ou du robinet, les jus de fruits ou sodas, et une seule sorte de boisson alcoolisée pour éviter les mélanges (Champagne si le budget est là, sinon vin blanc ou kirs). Ce n'est pas non plus un défilé des traiteurs les plus bling-bling du monde : du pain de mie avec des œufs de lump, du tarama ou des grandes pizzas proprement découpées en carré font très bien office de canapés : c'est une fête au travail, pas votre mariage.
3. Se lâcher. On garde à l'esprit que dans « fête au travail », il y a « travail ». Le DRH vous scrute du coin de l'œil et votre assistante compte en douce le nombre de Martini que vous ingurgitez. Alors on peut faire la fête et être joyeuse sans pour autant danser sur la table, parce que demain, on reviendra travailler avec les mêmes personnes.

4. Bouder les fêtes. OK, ça vous ennuie profondément de tailler le bout de gras avec Mireille de la compta, vous préféreriez mille fois rentrer chez vous regarder MasterChef avec votre homme et votre petit bout. Mais la fête fait partie de la vie d'une entreprise, alors même si vous ne restez pas longtemps, restez un peu quand même...
5. Oublier de demander l'autorisation. Oui, vous êtes une grande fille, mais il faut demander l'autorisation 1/ au patron, 2/ au gestionnaire des lieux, 3/ à votre homme. Ce n'est pas rétro, c'est simplement de la politesse : vous, vous aimeriez être prévenue s'il rentrait à minuit et vous laissait gérer les enfants seule.

Saoule au bureau, qu'est-ce que je risque ?

Au pot de départ de Jean-Mouloud, trop heureuse d'être sans les enfants dans un contexte de fête, vous avez embrassé votre assistante sur la bouche, chanté La Marseillaise debout sur un bureau et fait des blagues au téléphone au vendeur de fournitures. Pas de doute, vous aviez trop bu ! La consommation d'alcool sur le lieu de travail est, à en croire les magazines professionnels, une vraie problématique.

En théorie, le Code du travail interdit la consommation d'alcool sur le lieu de travail, à l'exception du vin, de la bière et de l'hydromel ! En pratique, on regarde avant tout le règlement intérieur ou la convention collective pour avoir les détails. Certains autorisent l'alcool dans des conditions exceptionnelles, d'autres le bannissent totalement.

Concrètement, être saoule au bureau ne vous attirera pas de promotion, vous vous en doutez. Si vous arrivez déjà saoule, ou encore saoule de la veille, le mieux est de rentrer chez vous (en transports en commun). « *Je me souviens très bien, une hôtesse d'accueil qui était arrivée ivre morte en puant la vodka à 8 h 00 du matin. On l'a renvoyée : mieux vaut ne pas venir du tout et se faire porter pâle que de traîner une réputation d'alcoolique* », conseille Marissa, consultante RH.

Dans le cadre d'une fête sur place, c'est différent. Si un repas ou un apéritif sont organisés, c'est que vous pouvez boire. Mais attention : être ivre au travail peut vous faire licencier. La Cour de cassation a jugé que c'était un motif sérieux de renvoi, et le Code du travail prévoit que l'ivresse ou l'alcoolisme peuvent être des motifs de licenciement si ceux-ci nuisent à votre travail...

Conductrice de véhicules, éducatrice de jeunes enfants, l'ivresse vous sera évidemment très préjudiciable. Dans certains métiers, elle conduit directement à la porte sans passer par la case départ et sans toucher 200 €.

Hors des considérations factuelles telles que le licenciement, être bourrée sur votre lieu de travail peut vous amener à faire ou dire des choses que vous regretteriez : « *Un jour, j'ai beaucoup trop bu lors d'une fête organisée pour célébrer un gros contrat* », raconte Marine. « *Ivre au bureau, je me suis mise à raconter ma vie privée. J'étais en plein divorce et en guerre pour la garde des enfants. Pendant trois ans, on m'a demandé les yeux plein de pitié comment allaient mes enfants. Difficile d'expliquer que leur père et moi nous étions remis ensemble. Il paraît que j'ai même donné des détails très intimes...* »

HARCÈLEMENT, DISCRIMINATION : C'EST EUX OU C'EST MOI ?

Il serait utopique de prétendre proposer un guide sur la conciliation travail / maternité sans aborder les sujets qui fâchent. Tout au long des chapitres précédents, nous avons abordé différentes problématiques. Ici, nous allons parler de cet aspect du travail qui fait mal : les discriminations dont les futures mères sont de plus en plus victimes, mais aussi les phénomènes tels que le harcèlement, le management par la peur ou tout simplement le licenciement.

Parce qu'au travail, comme dans le pays de Candy, il y a les méchants et les gentils. Et que parfois, ça manque d'astuce et d'espièglerie... Que faire quand tout n'est pas toujours rose ?

D'après la Halde (Haute Autorité de Lutte contre les Discriminations et pour l'Égalité), le nombre de plaintes émanant de jeunes mamans est exponentiel. D'une vingtaine de plaintes en 2005, on est passé à plus de 100 en 2009 et il y a fort à parier que depuis, ce chiffre n'a pas cessé d'augmenter. Marc Dubourdieu, ex-directeur général de la Halde, l'explique par la fin d'un tabou[1]. Pour lui, il n'y a pas plus de discriminations contre les jeunes mères, mais celles-ci osent de plus en plus porter l'affaire devant les tribunaux, encouragées par la médiatisation des dernières affaires.

1. Article *20minutes*, décembre 2009.

Dans l'esprit de deux tiers des jeunes mères actives, la Halde aurait même remplacé les tribunaux des prud'hommes pour le règlement des conflits employeur / employé liés à la maternité. Pourtant, le conseil prud'homal peut être saisi dans presque tous les cas : discriminations certes, mais aussi litiges autour des contrats de travail, de la rémunération, des conflits liés au travail et notamment du harcèlement.

Mais il n'est pas toujours aisé de différencier les simples « taquineries » de l'acharnement ou du harcèlement, qui est une notion vague et à de rares exceptions près, subjective.

Comment différencier l'agacement du harcèlement ?

D'après la loi n° 2008-496 du 27 mai 2008 « *est assimilé à une discrimination, tout agissement lié à l'appartenance ou la non-appartenance, vraie ou supposée, à une ethnie ou une race, la religion, les convictions, l'âge, le handicap, l'orientation sexuelle ou le sexe, et tout agissement à connotation sexuelle, subi par une personne et ayant pour objet ou pour effet de porter atteinte à sa dignité ou de créer un environnement hostile, intimidant, dégradant, humiliant ou offensant.* » Dans le cas du hacèlement, il s'agit d'agissements répétés sur la durée.

Aux prud'hommes, seul 1 cas de harcèlement sur 8 en moyenne obtient gain de cause (source : ministère du Travail).

Qui peut défendre une mère active ?

Un problème ? Comment agir concrètement pour faire valoir vos droits ?

Saisir les prud'hommes :

Adressez une lettre-recommandée au secrétariat-greffe du conseil de prud'hommes dont vous dépendez, éventuellement rédigée avec l'aide d'un avocat, d'un délégué du personnel ou d'un conseiller prud'homal.

Saisir la Halde :

Adressez un courrier détaillé au 11 rue Saint Georges 75009 Paris. Attention, en raison du nombre de plaintes reçues, la Halde assure un délai de réponse assez long. NB : la Halde est en train d'être remplacée par le Défenseur des droits.

Saisir un syndicat :

Écrivez au syndicat dont vous vous sentez le plus proche : celui qui partage vos valeurs, vos engagements, ou tout simplement celui qu'on vous a recommandé. Il n'est pas nécessaire d'attendre un conflit pour adhérer. Si vous travaillez dans une TPE ou PME, sachez que des délégués syndicaux inter-entreprises existent et peuvent vous renseigner sur de nombreux aspects de votre vie en entreprise.

FO
http://www.force-ouvriere.fr/

CGT
http://www.cgt.fr

CFDT
Pour trouver votre délégation par métier :
http://www.cfdt.fr/rewrite/article/12722

CGC
http://www.cfecgc.org/

CFTC
http://www.cftc.fr

Saisir une organisation patronale :

Contactez le MEDEF (Mouvement des Entreprises de France)
http://www.medef.com

SCÈNE 3
Materner en travaillant ?

Sous l'appellation controversée de « maternage » se regroupent plusieurs pratiques de proximité entre les parents et l'enfant. Une éducation dite positive, sans cri et sans violence, mais aussi un mode de vie alternatif allant du portage au cododo avec un but commun : rapprocher le bébé ou l'enfant et ses parents afin de leur procurer bien-être à tous trois et une relation saine.

« CE N'EST PAS L'OUTIL QUI COMPTE, C'EST LE CŒUR »

Si certaines peuvent avoir une image caricaturale « à la Caroline Ingalls » du maternage, associé aux tartes aux pommes maison et au lavoir, la réalité est bien plus nuancée.

Rachel Haas, présidente de l'association Parentalité Naturelle, estime que toutes les mères maternent. Elle précise : « *Lorsque je parle de maternage, je redonne la définition du mot "materner" : s'occuper de quelqu'un comme une mère.* » Animatrice d'ateliers depuis 5 ans, elle avoue être émue à l'écoute de mères lui disant « *Moi, je ne materne pas* » pour signifier qu'elles n'allaitent pas ou n'utilisent pas d'écharpe.

L'adjectif « proximal » est d'après elle plus adapté pour désigner le « maternage ». « *Ce n'est pas l'outil qui fait la mère. C'est le cœur qu'elle met dans les soins qu'elle apporte à son bébé. Une mère à l'écoute saura cesser d'utiliser l'écharpe de portage si elle sent que son petit est plus à l'aise dans une poussette. Ou à l'inverse, elle écoutera son ressenti si son bébé n'est pas à l'aise dans une poussette et a besoin d'être davantage porté.* »

Ce discours mesuré et plein de bons sens n'est pas tenu par toutes, et la simple évocation du maternage ou de l'allaitement est en général le détonateur pour un dialogue de sourds entre pro, anti, convertis ou intégristes de ces pratiques. Comme Rachel Haas, Ségolène Finet tient à ne pas créer de clivage. À la tête d'une marque de vêtements d'allaitement, elle a été invitée à débattre avec Élisabeth Badinter lors d'une émission spéciale de l'émission *Les Maternelles*. Loin de prêcher pour sa paroisse et malgré son intérêt économique dans le marché de l'allaitement, elle affirme « *ne pas faire de prosélytisme* » et simplement vouloir « *aider les femmes qui font le choix de l'allaitement* » sans stigmatiser les autres.

Parfois ça peut même être une seule et même personne ! Allaitement pour le premier et pas pour le deuxième, ou l'inverse, biberons de lait tiré au sein, et autres solutions sont envisageables. Essayer d'imposer aux mères est le meilleur moyen de les faire refuser !

Mais le maternage ne se limite pas à l'allaitement. Pêle-mêle, on retrouve le portage (voir page 85), les activités favorisant la proximité mère-enfant (massages, chant postnatal), ou le cododo. Ce dernier, aussi appelé co-sleeping, déchaîne tout autant les passions que l'allaitement. Recommandé par des associations de parents pour ses mérites (rassurer le tout-petit, surveiller sa respiration), il est soumis à la vive critique de pédopsychologues ou de sexologues.

Le témoignage d'Elodie, fleuriste au Mans,
maman de Léa, 9 ans, Martin, 8 ans, Emma 4 ans et Max 5 mois

« J'ai quatre enfants, je travaille à plein temps, mon lit est le seul endroit qui m'appartienne encore et le seul moment où je peux lire tranquille, me rapprocher de mon mari : les enfants ont l'interdiction d'y venir. Ce qui ne nous empêche pas de faire des chatouilles, des jeux, d'être très proches ! »

Au-delà des principes, il est courant de se coucher avec son bébé à 3 h 00 du matin, lasse de le bercer, alors qu'on doit se lever à 7 h 00…

En effet, le lien nourrisson-maman tient à peu de choses et avoir recours à l'une ou plusieurs de ces pratiques permet aux mères actives de garder un contact physique prolongé avec leur bébé. Quand on lui demande s'il est possible de concilier activité professionnelle et maternage, Rachel Haas s'étonne : « *Pourquoi serait-ce incompatible ? Il n'y a pas d'un côté les bonnes mères qui restent à la maison pour s'occuper de leurs enfants, et de l'autre les mauvaises mères qui vont travailler. Il y a des femmes qui s'épanouissent au foyer, et d'autres au travail. Faire le choix d'aller travailler ne remet absolument pas en cause l'amour et les soins qu'une mère donne à ses enfants.* »

Une étude réalisée en juin 2010 dans le Rhode Island auprès de 482 personnes tend à démontrer qu'un bébé dorloté est un bébé moins stressé.[2] Mais le défi est double pour les mères actives : comment ne pas céder aux sirènes de la culpabilité et sur-couver bébé pendant les week-ends ? Comment allaiter quand 40 minutes de bus vous séparent de votre bébé ? Comment être d'attaque à 8 h 00 pour une réunion après une nuit de cododo où vous avez fini sur le canapé pour avoir un peu de place ? Des questions qui nous assaillent, auxquelles on peut répondre par cette phrase de Freud : « Mères, faites comme vous pouvez, de toute façon, ce sera mal » !

Attention ! Bébé pleure, vous êtes fatiguée et ça vous met les nerfs en pelote ? Ne lui mettez pas de fessée ou, pire, ne le secouez pas : les séquelles pourraient être terribles. Appelez quelqu'un à l'aide. À défaut, isolez-vous dans une pièce quelques instants pour vous calmer.

LE RETOUR AU BUREAU

Comment rester assise huit heures par jour avec une épisiotomie encore douloureuse ?

Très controversée, l'épisiotomie est considérée par de nombreuses accouchées comme un acte de barbarie[3]. Les professionnels de la médecine expliquent, eux, qu'elle peut sauver la vie des bébés et des mamans. Si elle est bien faite, vous pourrez retourner travailler le périnée léger. En revanche si elle a été faite à la va-vite, en urgence, du mauvais côté, trop serrée… elle peut tirer et être douloureuse. Les spécialistes parlent dans ce cas d'une durée de cicatrisation à rallonge… Si vous êtes dans ce cas, ne partez pas travailler sans quelques accessoires indispensables.

---

2. Article *20minutes.fr*, juillet 2010.
3. Voir www.episiotomie.info

Kit de survie pour une journée de bureau après une épisiotomie :

- Vaporisateur d'eau minérale
- Crème cicatrisante
- Protège-slip

Pendant que vous êtes aux toilettes, vaporisez de l'eau pour atténuer la douleur. Vous vous laverez soigneusement les mains puis appliquerez une bonne dose de crème cicatrisante (à demander à votre gynéco). Le protège-slip est destiné à ne pas massacrer votre lingerie. Les strings sont proscrits pendant cette période. Buvez tout au long de la journée du jus de canneberge (cranberry) pour éviter les cystites, mais attention aux additions de sucre !

L'expérience de Camille, 28 ans, maman de Simon et Louise, chargée d'organisation de salons

« Pour travailler dans un bureau après ma césarienne, j'ai porté mes pantalons de grossesse à la taille élastique pour éviter que ça ne frotte sur la cicatrice. J'ai aussi demandé un siège inclinable, c'est tout bête mais ainsi on ne reste pas appuyée sur le pli du ventre toute la journée... »

➔ À savoir

75 % des primipares ont une épisiotomie lors de leur accouchement.

(Source : episiotomie.info)

Le truc de Caroline, manager de contenus web, 2 enfants

« Pour vos premiers jours au travail, portez des hauts noirs : si vous avez des fuites de lait, ce sera moins visible ! »

quiz

QUELLE ACTIVITÉ MAMAN-BÉBÉ EST FAITE POUR VOUS ?

Vous avez trouvé un créneau pour une activité avec bébé. Laquelle choisir ?

1. Vous êtes d'une nature...

a. Super zen ! on vous surnomme Bouddha
b. Super active ! on vous surnomme Shiva
c. Super anxieuse ! on vous surnomme Stressa

2. La mère célèbre que vous admirez le plus :

a. Laure Manaudou
b. Nathalie Kosciusko-Morizet
c. Alicia Keys

3. Vous êtes disponible pour une activité...

a. Le week-end ou en journée, avec du monde autour
b. Chez vous de préférence, en petit comité
c. Le soir, en fin d'après-midi, si possible avec d'autres mères

4. Vous avez envie de...

a. Gym douce, activité physique qui vous permette de vous dépenser aussi
b. Détente, moment tranquille à deux les yeux dans les yeux
c. Loisirs, complicité autour de jeux favorisant l'expression

5. Votre budget activité :

a. Moins de 200 € l'année
b. Plus de 400 € l'année
c. 200 à 400 € l'année

RÉSULTATS

Vous avez une majorité de a

Bébé nageurs : Vous travaillez assise toute la semaine, le week-end venu vous avez envie de vous défouler et de battre des pieds ! Les bébés nageurs sont faits pour vous. L'intérêt ? Le papa peut se joindre à la troupe et le prix est souvent modique. Une réserve toutefois pour les bébés sujets aux petits problèmes ORL, l'avis d'un médecin est nécessaire.

Vous avez une majorité de b

Massages de bébé : Vous voyez peu bébé au quotidien et avez envie d'entretenir votre complicité. Grâce aux massages, vous pourrez maintenir un contact charnel et détendre votre petit. Attention toutefois, si cette activité a des vertus relaxantes, elle n'est pas indiquée pour les mamans stressées qui risqueraient de transmettre leurs angoisses aux bébés !

Vous avez une majorité de c

Chant postnatal : Pour vous, l'expression artistique et orale est primordiale. Avec les cours et les ateliers de chant, à vous les duos maman-bébé. Cette pratique permet d'échanger et de communiquer son amour à son bébé en facilitant l'expression. Il a aussi des vertus apaisantes et l'encourage à prononcer ses premiers mots.

ALLAITER ET TRAVAILLER : STOP OU ENCORE ?

Réticente aux débuts, fanatique de l'allaitement ou au contraire convertie de la dernière minute, vous avez envie de prolonger malgré la reprise du travail. Est-ce possible ? Où tirer son lait ? Comment passer à un allaitement mixte ? Comment gérer une montée de lait en pleine réunion ? La mère allaitante a-t-elle des droits particuliers ? Toutes ces questions vous assaillent et vous n'osez pas les poser au responsable du CE, tant elles relèvent de la sphère intime.

Attention ! Vous avez choisi, pour une raison ou pour une autre, de ne pas allaiter ? C'est votre choix, il ne concerne que vos seins, votre bébé et vous : ne vous sentez pas obligée de vous justifier auprès de qui que ce soit. Dites-vous que votre retour au travail n'en sera que plus simple, et vous aurez mille autres manières de tisser des liens avec votre mini-moi (voir chapitre sur les activités maman-bébé). Même Rachel Haas le dit : « *Penser que seul l'allaitement permet de nouer une relation avec son bébé, c'est une ineptie !* » Rassurez-vous, il n'est pas prouvé scientifiquement que l'allaitement / le non-allaitement ait une incidence sur votre bébé. Comme dit l'adage, « Mieux vaut un biberon donné avec amour qu'un sein donné à contrecœur »

Si en revanche vous avez choisi d'allaiter, et que vous avez réussi, c'est votre choix et il mérite tout autant de respect. Quelle que soit votre décision, c'est la vôtre et tant qu'elle vous convient à votre enfant et à vous, personne n'a rien à y redire.

→ À savoir

Dans de nombreux cas (certaines naissances aux forceps, maladie de la maman, très grande prématurité), l'allaitement classique s'avère trop difficile. Une raison de plus pour ne pas harceler vos collègues mamans pour qu'elles allaitent !

Arrêter d'allaiter au moment où on reprend le travail est, avouons-le, la solution la plus simple. « *J'ai allaité mon fils pendant deux mois* » se souvient Géraldine, agent d'assurances. « *Trois semaines avant le retour au bureau, j'ai commencé à le sevrer. Honnêtement, deux mois c'était déjà long, et j'avais envie de me réapproprier mon corps.* » La majorité des allaitantes choisit cette période pour sevrer son enfant. Toutefois, sachez que poursuivre au travail est difficile. Difficile mais... pas impossible. À vous de choisir. Voici quelques coups de pouce :

Tout d'abord, votre entreprise est tenue de mettre à votre disposition un endroit pour tirer votre lait, d'après les articles L.224-2, L.224-3 et L.224-4 du Code du travail, et cet endroit ne doit pas être les toilettes ! Vous disposez aussi d'1 heure par jour pour tirer votre lait ou rentrer plus tôt allaiter bébé. Si vous n'allaitez plus, vous pouvez aussi vous servir de cette heure pour tirer votre lait et soulager la compression de vos seins (si vous venez tout juste de commencer le sevrage, le lait monte peut-être encore).

Ségolène Finet a allaité ses trois filles tout en étant cadre dans une grande entreprise. « *J'alternais : le matin et le soir, des tétées, et pendant la journée, la nourrice leur donnait des biberons* » se souvient-elle. Mazarine Pingeot a également allaité longuement sa troisième fille : dans les coulisses du Salon du Livre, en déplacement à l'étranger, pendant les interviews, sa fille ne la quittait pas. Bien sûr, c'est plus facile quand on est écrivain que quand on est secrétaire de direction !

Hélène, 27 ans, télésecrétaire, maman de Jasmine

« Je me souviens que ma fille ne pouvait pas téter. Après trois semaines à me presser les seins, j'ai opté pour un tire-lait manuel. Je lui donnais à l'aiguille, goutte par goutte. Je travaillais chez moi. Donc d'une main je tirais mon lait quasi en permanence et de l'autre je tapais sur le clavier de l'ordinateur. Résultat, en un mois, double-tendinite à chaque main ! Parfois il ne faut pas se mettre une trop grosse pression et ne pas forcer le corps. Mon prochain bébé, j'essaierai l'allaitement mais s'il ne tête pas, je ne me tuerai pas les mains et je lui donnerai de délicieux biberons avec une grande joie ! Reprendre le travail est déjà assez compliqué sans en rajouter. »

Attention ! Il y a encore quelques années, les vêtements d'allaitement étaient aussi vilains que les vêtements de grossesse. Depuis, de gros efforts ont été consentis par les stylistes et les vendeurs. Il est donc possible de porter un joli chemisier tout en allaitant. Votre plus fidèle allié ? Justement, ces petits cotons ronds qui absorbent le lait lors des montées et empêchent les tâches de montée de lait, jamais très glamour et source de moqueries auprès d'une assistance non initiée.

➔ LES EXPERTS MAMAN TRAVAILLE

J'allaite, comment préparer bébé à mon retour au travail ?

Réponse de l'expert : Véronique Darmangeat, consultante en lactation certifiée IBCLC[4], animatrice du blog *À tire d'aile* sur la conciliation allaitement / travail et auteure de *Allaiter et reprendre le travail : guide pratique* (Éd. du Hêtre, 2010)

« Il est important de prendre une décision qui vous convienne : poursuivre l'allaitement à la demande en votre présence ou bien commencer un sevrage. Les deux cas sont possibles. Si vous poursuivez l'allaitement à la demande, vous n'avez rien de spécial à faire puisque votre bébé prendra du lait d'une autre façon en votre absence. Si vous commencez un sevrage, vous allez apprendre à votre bébé à boire d'une autre façon qu'au sein : biberon, tasse ou verre. Certains bébés apprennent sans problème, c'est plus difficile pour d'autres qui refusent le biberon. Ne vous inquiétez pas, tous finissent par l'accepter. »

PORTE-BÉBÉ : RÉSERVÉ AUX MAMANS-BOBOS ?

Un moyen de rester en contact avec lui. Mais concrètement, comment gérer le portage quand on travaille ?

L'écharpe de portage peut s'avérer pratique pour des petites sorties rapides, comme descendre acheter du pain ou un magazine. Si vous habitez

---

4. http://www.allaiteraparis.fr

au 6e étage sans ascenseur, mieux vaut aussi un porte-bébé kangourou ou une écharpe que porter un gros landau dans les escaliers.

L'expérience de Carole, serveuse à Marseille, maman d'Enzo

« L'écharpe de portage a de multiples atouts, et pas uniquement pour son aspect "maternant" ou "accessoire bobo". Bébé, mon fils pleurait sans cesse. J'avais une migraine insoutenable et je ne pouvais rien faire d'autre que le bercer. Je voyais les factures, courriers, ménage, mails s'amonceler. Un jour, excédée, j'ai sorti l'écharpe de portage qu'une amie fanatique m'avait offerte, j'ai placé le bébé dedans et j'ai continué mon rangement : miracle ! Le contact a fait cesser les pleurs immédiatement. »

Porter son bébé est également utile pour des raisons pratiques : si la crèche ou la nourrice ne disposent pas d'un local à poussettes fermé, vous êtes bonne pour faire maison / crèche en poussette avec bébé, puis crèche / maison avec la poussette à vide, puis maison / bureau, puis bureau / maison pour récupérer la poussette, puis maison / crèche avec la poussette vide, et enfin crèche / maison avec bébé. Vous ne tiendrez pas longtemps à ce rythme ! Avec l'écharpe de portage, il vous est possible d'amener bébé, puis de la glisser dans votre sac la journée, pour la ressortir au moment voulu. Pratique aussi dans les transports en commun, où les gens sont globalement frappés de cécité subite à la vue d'une femme enceinte ou d'une femme avec une poussette dans les escaliers.

C'est aussi un confort. Pour Rachel Haas « *Porter son bébé offre le contact physique dont vous avez tous les deux besoin. C'est un outil pratique, qui permet de poursuivre ses activités quotidiennes. Le portage participe à créer un lien d'attachement entre les parents et leur bébé. De plus, lorsqu'une mère a le sentiment de combler les besoins de son bébé, elle prend confiance en ses capacités maternelles.* »

Porter son bébé, c'est aussi le moyen de l'emmener avec soi quand on n'a pas de mode de garde. Ainsi une eurodéputée italienne s'est-elle présentée au Parlement européen, en septembre 2010, avec... son nouveau-né en écharpe ! Le but : alerter les pouvoirs publics sur les difficultés des mères à concilier une carrière épanouissante et une maternité sereine.

Le truc de Ségolène, fondatrice de MamaNANA, 4 enfants

« Si vous n'aimez pas l'idée d'un atelier de portage (trop loin, trop compliqué, trop baba-cool) la solution miracle est d'acheter un DVD bien fait[5]. Vous le mettez dans l'ordi, et vous vous laissez guider. »

SCÈNE 4
La plus belle pour aller travailler !

Dans un monde idéal, on ne serait pas jugé sur notre apparence. On pourrait être punk et maman, aller passer un entretien d'embauche avec un os dans le sourcil en guise de piercing, se coiffer de bigoudis, mettre des bottes à talons aiguilles, habiller ses enfants à la mode gothique.

LES HEURES SUP' BÉBÉ-BEAUTÉ

Mais ça ne se passe pas comme ça, surtout quand on est mère : même si vous avez un look très particulier, à partir du moment où vous avez mis un enfant au monde, on attend de vous une « présentation impeccable » !

Dans une société d'apparence, la première impression est toujours très forte. S'il nous est impossible de modifier notre physique, nous pouvons choisir nos vêtements chaque matin et, à travers eux, le message que nous voulons envoyer à nos interlocuteurs. On n'a jamais une deuxième chance de faire une bonne première impression !

➔ Le saviez-vous ?

D'après une étude du sociologue Jean-François Amadieu, un CV avec une belle photo sera retenu alors que le même CV avec la photo d'une personne laide sera disqualifié...

5. Voir www.jeportemonbebe.com ou www.bienporterbebe.com

Selon de nombreuses études sur le thème de la beauté dans le marché du travail, les salariés jugés les plus beaux ont des salaires supérieurs de 5 % aux autres.[6] Une raison légitime de passer plus de temps dans la salle de bains avant de partir pour le bureau, même future ou jeune maman !

Mais la beauté, ça s'entretient. « On ne naît pas femme, on le devient » comme dirait Simone de Beauvoir. Souvenez-vous, avant d'être maman, vous pouviez ouvrir les yeux vers 8 h 00 (le sommeil étant le premier secret de beauté des femmes) avant de vous faire un gommage, une épilation, un soin, un masque, un après-shampooing et de vous maquiller après avoir choisi une tenue et des accessoires assortis.

Devenue maman, vous ouvrez les yeux à 7 h 00, réveillée par des cris, vous vous occupez de votre bébé jusqu'à 8 h 00 (biberon, couche, toilette), puis vous vous préparez, vous allez vous changer après qu'il a vomi sur votre dernier chemisier propre, puis vous passez 40 minutes à le déposer à la crèche. Bref, vous n'avez plus que 12 minutes montre en main pour être présentable...

Le secret d'un fond de teint express en 2 secondes chrono : pour un beau teint en quelques secondes, voici un truc utilisé par les maquilleuses pros de plateaux télé. Utilisez un fond de teint spray, comme le DiorSkin Flash (environ 40 €, mais c'est le plus efficace). En un « pschitt », votre fond de teint est appliqué en 2 secondes.

Le truc d'Estelle, chargée de communication, 29 ans, future maman

« Je ne mets jamais de fond de teint, c'est une perte de temps. À la place, j'utilise des pore refinders, comme dans le "basique 3 Temps de Clinique". Après un bon nettoyage, on resserre les pores grâce à un produit astringent et on hydrate. Effet garanti et zéro minute perdue à retoucher, étaler, poser, etc »

---

6. http://ideas.repec.org/a/aea/aecrev/v84y1994i5p1174-94.html),

FUTURES ET JEUNES MAMANS, COMMENT S'HABILLER POUR UN ENTRETIEN D'EMBAUCHE ?

Comment camoufler son petit ventre en s'habillant ? Comment avoir l'air business alors qu'on est enceinte ? Quels vêtements choisir lorsqu'on tire son lait au bureau ? Comment se faire une garde-robe « de transition » ?

« *Pour un entretien d'embauche, on vient en version + de soi-même* », affirme Fatou Kobé, responsable RH. C'est simple : si vous travaillez en jeans-baskets, vous faites l'effort de porter des chaussures de ville. Vous ne serez jamais sanctionné pour être trop bien habillée. Quoi qu'il en soit, pour un entretien on bannit : les chaussures pieds apparents (sauf en pleine canicule, sous condition de pédicure impeccable), les tenues de plage (petite robe au motif parasols).

Attention ! Certains recruteurs de grands groupes, un brin sadiques, font patienter exprès les candidats de longues heures sur des chaises peu confortables. Le but ? Évaluer votre seuil de résistance au stress. Mieux vaut donc que votre tenue soit confortable.

Femme (enceinte) d'affaires ?

Enceinte, il est plus délicat de rester business dans sa tenue. Mais Kémy Tidjani-Serpos[7], fondatrice de la marque de vêtements de grossesse et de transition BellaMama®, affirme que c'est possible. « *Vous pouvez investir dans une garde-robe évolutive surtout si vous souhaitez allaiter par la suite. Dans votre armoire, vous trouverez des tops basiques que vous pourriez alors porter avec un bandeau. Cela aura pour but de mettre votre ventre en valeur et de l'utiliser comme un accessoire.* » Pour elle, la grossesse n'est pas forcément un passage de moindre beauté, au contraire elle est propice « *à l'épanouissement de certaines zones du corps, alors profitez-en pour mettre en avant votre joli décolleté, de préférence dans des matières en fibres naturelles plus douces pour la peau : coton, soie, bambou, ramia, cachemire, laine...* »

---

7. Elle a été récompensée par la *E-commerce Académie* Oxatis catégorie « woman ».

Si vous n'avez pas perdu vos kilos, pas de panique : tout le monde n'a pas les moyens de « faire une Heidi Klum » en perdant ses kilos de grossesse en trois semaines, pour reprendre le chemin des défilés de lingerie immédiatement après. Les robes dites de « transition » sont faites pour ça : légèrement amples, confortables, elles permettent de passer en douceur des tenues de grossesse aux habits « d'avant » (ou d'après), d'éviter les essayages humiliants de jeans trop étroits.

➔ LES EXPERTS MAMAN TRAVAILLE

Ça fait 6 mois que je me traîne en pyjama, comment trouver une tenue confortable et working-girl à la fois ?

Réponse de l'expert : Sophie Kune, conseillère en image

« Il est évident que vous ne réussirez pas à passer illico du pyjama à la version "glam" petite jupe, haut moulant et talons aiguilles. La bonne alternative est de choisir une tenue confortable, mais qui laisse la voix à la féminité. Une jupe droite, un petit haut simple en coton ou en maille légère et un collier fantaisie agrémentée de talons compensés pour acquérir une position stable. »

Vous n'êtes pas à l'aise en tailleur ? Bonne nouvelle, il existe de nombreuses variations ou trompe-l'œil. Le tailleur-sweat, le tailleur-pantalon, le tailleur-short, le tailleur à manches courtes, le twin-set...

Comment camoufler mon petit ventre ?

Que ce soit pour cause d'abus de Nutella, pour cause de début ou de restes de grossesse, ou pour cause de pré-ménopause, nous sommes nombreuses à avoir un petit ventre. Si vous aussi, vous êtes lasse de régimes et avez dit adieu à vos abdos, voici quelques trucs qui permettront, tout simplement en choisissant bien vos vêtements, de camoufler votre petit bedon en évitant qu'on vous demande « Alors, c'est pour quand ? Quel courage de remettre ça ! », alors que non, vous n'attendez pas (cette fois) d'heureux événement.

Un décolleté. C'est juste un effet visuel, mais si votre poitrine paraît plus grosse, votre ventre le paraît moins. Les proportions sont donc respectées (inconsciemment, on jauge la part taille / poitrine / hanches et non pas leur grosseur éventuelle).

Une ceinture haute. Au lieu de placer votre ceinture autour du nombril, vous la montez légèrement (pas non plus en taille empire, sinon ça compresse et ça fait « femme enceinte », mais juste environ 5 cm au-dessus de votre nombril). Si vous avez de bonnes hanches, ça peut même vous donner un style « actrice des années 50 » très chic.

Une culotte ventre plat. À mettre uniquement les jours où on ne prévoit pas de s'asseoir et si vous n'êtes pas enceinte.

Une veste cintrée. Les vestes trop longues à la Lââm période 1990's, on oublie. En revanche, les vestes de tailleur à la bonne dimension (trop grandes = je l'ai volée à mon mari, trop justes = je l'ai volée quand j'avais 17 ans et que j'étais hôtesse d'accueil) permettent de zapper le petit bourrelet ventral. L'idée est la même que pour le décolleté, on re-proportionne.

Une robe. Le mix pantalon pas toujours bien taillé + haut moulant = boudinée. Le mix pantalon ou jupe + haut large = comme quand vous étiez ado et que vous mettiez un pull autour de votre taille. Une robe permet de donner un aspect uniforme à la silhouette.

En revanche, on oublie… Les tuniques, les robes à inscription « 9 mois et plus », « It's a girl », « Future maman », etc. On avait dit *business* ! Mais aussi le jogging peau-de-pêche que vous avez porté tous les jours à la maternité (sauf si vous postulez pour être manager de Diam's), la panoplie mini-jupe / maquillage outrancier sous prétexte qu'on est une femme (sauf si vous passez le casting de *Qui veut épouser mon fils ?*).

On oublie aussi : La tenue d'avant accouchement taille 38 si on est passée au 44 depuis, la culotte ventre plat qui comprime le fœtus, les baskets, le chemisier blanc avec le soutien-gorge noir, le tailleur de mémé premier degré, le vernis qui bave ou qui s'écaille…

➔ LES EXPERTS MAMAN TRAVAILLE

Je reprends bientôt mais je n'ai pas perdu mes kilos de grossesse. Pourtant, j'ai accouché il y a... 3 ans. Mais je suis trop gourmande pour faire un régime ! Comment faire ?

Réponse de l'expert, Valérie Orsoni, créatrice de LeBootCamp et MyPrivateCoach[8]

« Rassurez-vous, il existe toujours une solution ! Privilégiez les légumes, crus ou cuits, céréales et aliments complets, mais aussi les légumineuses (les lentilles, les pois chiches, les haricots secs...) et les fruits. Préférez le poisson, les œufs et la viande blanche plutôt que la viande rouge. Même si vous faites attention à votre ligne, vous pouvez tout de même vous octroyer un petit plaisir en dégustant à la fin de votre repas, deux carrés de chocolat de votre choix, cela ne fera pas pencher la balance et vous fera le plus grand bien ! »

Lait caillé, couches odorantes : comment sentir bon le business malgré bébé ?

Comment choisir un parfum qui sente bon sans trop rappeler les vacances ou la cocotte de maison-close ? Comment éviter d'asphyxier ses collègues et ses clients ?

Les règles d'or de la bonne haleine (même en période de nausées...)

Les nausées et remontées acides peuvent modifier votre haleine. Abusez du spray Ricqlès® !

Au bureau, on évitera tous les parfums qui « font vacances » : monoï, noix de coco, huile de palme... Toutes ces fragrances rappellent trop la saison estivale et pas assez le turbin. Cela peut sembler dérisoire, mais les odeurs font partie de votre communication non-verbale et le subconscient de vos interlocuteurs vous associera tout de suite à ce que lui inspire cette odeur.

---

8. Femme d'affaires 2007 aux États-Unis et prix Artémis, égérie internationale du Coq Sportif.

Attention ! Ne changez pas de parfum durant ces périodes de transition (reprise du travail, sevrage, nouvelle naissance, etc.). Depuis sa naissance, votre bébé vous reconnaît en partie à votre odeur. Privilégiez de toute façon des eaux de toilette légères et peu entêtantes.

Parfois, les mamans « piquent » l'eau de toilette de leur bébé au moment de reprendre le travail. Certaines ont effectivement une odeur agréable et proche de celle des parfums d'adulte, ça ne choquera personne si vous la portez, et ça vous donnera l'illusion d'être tout près de votre bébé.

PRÊTE EN 10 MINUTES CHRONO, BÉBÉ COMPRIS !

Une panne de réveil après une nuit en pointillés ? Un rendez-vous ultra-matinal juste après l'ouverture de la crèche ? Voici tous les trucs et astuces pour être prête plus vite que son ombre (à paupières) : une douche économie de temps, une tenue basique toujours prête, le top 2 des chaussures pratiques pour courir après le bus, le petit-déjeuner express bonne-mine…

➔ À savoir

En France, le temps de trajet moyen domicile – lieu de travail est de 27 minutes. Il grimpe à 58 minutes en région parisienne.

(Source : Yahoo Actu)

5 leçons pour s'habiller vite et bien quand on est pressée par le temps (et par les enfants)

1. Déterminez les 2 ou 3 couleurs qui vous vont le mieux (noir / blanc ; parme / violet ; gris / rouge ; beige / marron, etc.) et vous y tenir, du moins pour le quotidien. Grâce à cette technique, vous aurez « un style » qui s'imposera de lui-même par ces couleurs. Mais surtout, ça vous évitera de chercher désespérément un chemisier qui pourrait aller avec cette jupe liberty orange, la seule propre et nette de votre placard… Vous pourrez bien sûr vous lâcher les jours de fête où vous aurez plus de 3 minutes pour vous préparer. Le reste du temps,

quels que soient les hauts et bas que vous sortiez de votre placard, ils seront dans les mêmes tons et se marieront très bien ensemble !

2. Préparez à l'avance plusieurs tenues assorties. On peut décliner le traditionnel tailleur (voir plus haut...). Quand vous achetez un vêtement, prévoyez ceux avec lesquels vous allez l'assortir et rangez-les ensemble. Plus de course le matin, puisque votre fameuse jupe liberty orange sera suspendue sur le même cintre que le merveilleux cachemire qui va si bien avec.

3. Avoir des basiques en plusieurs exemplaires. Catastrophe : Bébé a vomi sur votre sous-pull noir. Il ne vous reste plus qu'à vous changer... En ayant dans votre armoire plusieurs chemisiers blancs, plusieurs sous-pulls noirs à col roulé, plusieurs leggings, plusieurs collants, plusieurs jeans, vous n'êtes plus dépendante des roulements de linge sale ou des accidents imprévus. L'intérêt est aussi économique : ce type de vêtements est bon marché, et souvent en coton ou en matière simple et confortable.

4. S'offrir un très beau sac à main. Puisque votre garde-robe est basique, composée de pièces destinées à être enfilées au plus vite, vous pouvez compenser avec un très beau sac, pour une touche chic.

5. « La » paire de chaussures primordiale... Une paire très basique, noire, jean, brute, beige... d'une non-couleur qui se marie avec tout, et surtout, très pratique, vous permettra de savoir quoi mettre les jours « sans » : vous devez déposer bébé au bout de la ville chez une nourrice de secours, car la titulaire est malade ; vous devez aller au bureau en petites foulées pour cause de retard, ou en vélo pour cause de grève).

Attention ! N'achetez QUE des vêtements qui se repassent tous seuls. On ne le dira jamais assez, repasser est une perte de temps considérable, et il y a plus intéressant à faire dans la vie que de repasser du tissu ! À vous les infroissables, les matières légères, le linge aussitôt étendu, et bannissez définitivement de votre garde-robe l'imitation soie synthétique, les volants minuscules à replacer après lavage, et le lin.

Direction salle de bains

- Une douche en 120 secondes chrono : la douche rapide et efficace se pratique comme en hôpital, avec un timing précis et un gel douche antibactérien (on zappe les gels douches moussants, souvent bourrés d'additifs pas très clean) : cou, nuque, épaules, puis bras, aisselles, abdomen, dos, parties intimes, jambes, arrière des genoux, pieds. En frottant bien et en rinçant avec le même rythme, vous serez propre et pimpante en moins de 2 minutes chrono !
- 3 gestes précis et identiques pour changer une couche : le fait de répéter toujours les mêmes gestes permet de les systématiser, de les maîtriser et de les faire sans y penser. Après seulement quelques fois, votre corps aura imprimé lui-même les gestes à faire et votre cerveau pourra les effectuer sur le mode « pilote automatique ». C'est un des principes de base du taylorisme[9], la systématisation des tâches que vous avez probablement étudiée au lycée. Il suffit d'appliquer cette théorie à notre vie de maman !

Pour enlever la couche, donc :

1. On défait les scratchs en même temps, des deux mains.
2. On enlève le devant de la couche.
3. On soulève les pieds de bébé en retirant la couche. Ensuite, pendant que la main gauche jette la couche dans la poubelle, placée en bordure du matelas à langer, la main droite saisit un gant, une lingette ou un coton selon ce que vous utilisez, puis essuie bébé. Tout cela prend moins de 15 secondes, si bébé s'est lâché.

La pose de la couche propre répondra à la même routine, en 5 secondes maxi :

1. Soulever les pieds de bébé.
2. Poser la couche.
3. Attacher la couche : une main, un côté. L'agencement de la chambre de bébé doit vous permettre de ne pas vous déplacer, pour des

---

9. Rationalisation méthodique du travail humain dans le but d'accroître son efficacité.

raisons de sécurité, mais aussi pour des raisons de gain de temps. Poubelle, produits, lingettes, gants, couches propres, serviette... doivent être à moins de 1 mètre de la table à langer.

➔ À savoir

29 minutes : c'est le temps qu'une femme passe chaque jour dans la salle de bains. À peine 7 minutes de plus qu'un homme !

(Source : étude GQ, 2010)

Attention ! Courir après le bus ou le métro n'est pas un gain, mais une perte de temps. Vous allez transpirer, vous essouffler, peut-être même tomber, filer votre collant, bousculer bébé... Attendez le prochain : il vaut mieux arriver entière avec 7 minutes de retard qu'à l'heure en morceaux. Même si vous avez la sensation de vivre dans un jeu vidéo, vous n'avez qu'une seule vie.

SCÈNE 5
Une pause s'impose

À l'époque des cours de gym, c'était votre mère qui vous signait des mots d'absence. Maintenant que vous êtes une adulte (du moins en théorie) et maman, à vous de vous en charger ! À suivre : nos prétextes testés et approuvés... Des idées de jeux à lancer autour de la photocopieuse, comment vous amuser au détriment de votre chef, que faire avec un stock de Tipp-Ex, comment s'occuper dans le placard à fournitures...

GLANDER AU TRAVAIL : TOUTES LES ASTUCES DES MAMANS MACHIAVÉLIQUES

« *Parfois je craque. Entre mon mari qui se plaint de ne pas beaucoup me voir, ma fille toujours entre deux caprices, ma chef qui exige toujours plus... J'ai l'impression d'être un citron pressé !* » confesse Marine, 27 ans, agent immobilier à Pau. Quand elle n'en peut plus, elle prend une pause en cachette. « *Sur mon agenda, j'écris un nom bidon pour une visite. Je vais en marchant jusqu'à l'appartement à visiter, puis je reviens. Ça me fait une demi-heure de promenade en tout et ça me permet de respirer.* » Jusqu'à aujourd'hui, son astuce « pas très pro » de son propre aveu n'a jamais été découverte. « *En général, ça me permet de revenir plus concentrée, donc finalement pour ma patronne c'est bénéfique aussi.* »

Le truc de Katia, 34 ans, chargée de dossier à Marcq-en-Barœul, maman de Tom et Max

« *Si vous partez très très tard (22 h 00) ou arrivez très très tôt (avant 8 h 00), n'oubliez pas d'envoyer un mail anodin à votre chef pour le prouver.* »

9 excuses bidons, mais valables, pour sécher le travail

Votre réveil n'a pas sonné après une nuit de « bébé fait ses dents » ou la nourrice vous a planté et vous n'osez pas l'avouer ; ou tout simplement, ils passent le dernier *Desperate Housewives*, vous avez la gueule de bois ou envie d'une sieste matinale crapuleuse pendant que les enfants sont à l'école. Il va falloir être persuasive... Piochez dans ces excuses, pas d'inquiétude, *Maman travaille* vous fait un mot d'absence ou de retard.

1. Je suis témoin à un mariage scientologue, mormon, épiscopalien. Il y a peu de chance qu'on vous demande un justificatif et si on le fait, ces croyances sont tellement méconnues qu'il y a peu de chance qu'on en vérifie l'authenticité.
2. Mes parents divorcent. Je dois les soutenir, vous comprenez, après 20 ans de mariage... et lancez la conversation sur le propre mariage de votre interlocuteur ou à défaut, celui de ses parents. À faire uniquement si vos parents sont déjà divorcés pour éviter de leur attirer le mauvais œil.

3. J'étais à la manif' de défense... [au choix] des arbres, des sans-papiers, de lutte contre l'hippophagie, pour la paix, contre la guerre, pour l'ouverture d'une crèche municipale... Si l'idéologie cadre avec celle de votre interlocuteur, il y a des chances pour qu'il vous absolve.
4. J'ai été bloquée dans une manif' de défense... stratégie inverse, choisissez une cause que votre interlocuteur déteste ou méprise : « des retraites » s'il est un libéral convaincu, « des femmes » s'il est misogyne, « des sans-papiers » s'il est xénophobe, « des arbres » s'il déteste les bobos. Les chances sont bonnes qu'il maugrée et détourne son attention sur sa haine de la cause évoquée. Abondez dans son sens : les retraites c'est pour les planqués, les femmes c'est nul, les arbres ça sert à rien et les sans-papiers lui en veulent personnellement.
5. Le RER était en retard / en grève. Il y a de fortes chances que ce soit vrai. Surtout valable avec un interlocuteur poujadiste ou anti-fonctionnaire.
6. Mon avion a été détourné, il y avait une alerte à la bombe. Valable pour les jours de retour de vacances, invérifiable (secret défense, CIA et théorie du complot à brandir si quelqu'un se montre sceptique).
7. J'ai des chlamydiae. Il y a peu de risques qu'on vous demande de vérifier. Si la RH exige un certificat médical ou un arrêt de travail, dites en murmurant que vous n'osez pas consulter pour une MST. Si on insiste, dites très fort et en public : « Et celui qui se reconnaîtra sait très bien où je les ai attrapés ! » Parano maximale même et surtout si c'est faux.
8. J'interviens à une conférence très loin. Choisissez un thème en lien avec votre activité professionnelle en précisant que la conférence est accessible sur invitation uniquement, dommage pour votre chef. Assurez-le que vous pourrez promouvoir l'entreprise sur place (valable évidemment surtout pour les cadres au forfait).
9. Mais moi je vous attendais... ailleurs. Vous pensiez que la réunion avait lieu chez le client, en magasin, au 8e étage, dehors... et vous attendez depuis plus d'une heure. Lancez un regard noir à votre responsable en marmonnant, histoire de simuler l'énervement procuré par ce lapin qu'il vous a posé.

Attention ! Ne vous servez jamais de votre enfant comme excuse bidon. S'il lui arrivait vraiment quelque chose, vous vous en voudriez. En plus, cela discrédite votre professionnalisme en sous-entendant que vous êtes mal organisée.

Comment dire non à une tâche ingrate ?

Qu'il s'agisse de changer la fontaine à eau potable, de photocopier un livre en 3 exemplaires, de faire du café pour un client de votre boss, de prendre ses appels, ou de ranger le placard à fournitures, nous sommes toutes confrontées un jour ou l'autre à une demande de ce type.

Et quand on est une jeune maman, d'une part on doit se ménager et d'autre part on doit s'entraîner à dire « non » pour le moment où notre chérubin commencera à parler.

Dire oui à tout, c'est montrer que vous ne savez pas négocier, et qu'on ne peut donc pas vous confier de poste à responsabilités où il est en permanence question de négocier, que ce soit avec votre équipe, vos clients, vos fournisseurs...

Rendre service, c'est bien ; mais si vous dites oui une fois à ce type de menus services, c'est cuit, vous serez étiquetée à vie comme « la bonne poire à qui on peut tout demander ». Et personne n'a envie de donner une augmentation à une bonne poire-paillasson. Alors osez dire non ! Déjà que nous accomplissons 80 % des tâches ménagères à la maison pour les moins paritaires d'entre nous, ce n'est pas pour en faire aussi au travail ! *Maman travaille* vous propose quelques manières de dire non sans en avoir l'air...

Faire du café

- Dire non directement : « Malheureusement, je n'ai jamais été douée pour le café. »
- Dire non en disant oui : Si il/elle insiste, faites le café le plus mauvais que vous n'ayez jamais fait. Avec une machine à dosettes, mettez une dosette déjà utilisée ; avec une cafetière classique, mettez 3 doses d'eau pour 1 dose de café. Si on vous demande un déca, apportez un café serré et si on vous demande un café fort, apportez un thé. Normalement, après ça, on ne vous demandera plus jamais de le faire. Si

on réitère, faites le même café, mais froid, et renversez-en un peu en disant « oups, que je suis maladroite ! »

Ranger le placard à fournitures

- Dire non directement : « Pendant mon enfance, ma mère m'enfermait dans le placard et me jetait de la nourriture par-dessous la porte. J'en garde un très mauvais souvenir et quelques minutes dans le placard suffisent à me faire péter les plombs. » Si vous pouvez ouvrir les yeux très grands en disant ça, et trembler légèrement, c'est encore plus crédible.
- Dire non en disant oui : dites oui. Ne le faites pas. Si on vous demande ce qu'il en est, dites que c'est fait. Si on remarque que vous ne l'avez pas fait, vous pouvez dire 1) « Ah, ils ne respectent rien dans cette boîte, à peine rangé le placard est déjà désordonné ! » ou 2) « Ben, quoi, c'est rangé là ! Pas pour vous ? » tout en continuant ce que vous étiez en train de faire.

Changer la fontaine à eau potable

- Dire non directement : « Ah, donc finalement on joue l'égalité hommes-femmes ? Quand les femmes seront aussi bien payées que les hommes, elles changeront la fontaine à eau. Si on considère que des inégalités physiologiques justifient cette différence de salaire, elles justifient aussi que je ne change pas la fontaine. » Un simple « je crois que je suis enceinte » fait aussi l'affaire.
- Dire non en disant oui : portez la fontaine. Coincez-vous le dos. Criez. Hurlez, exigez un arrêt de travail de 3 jours avec certificat du médecin disant que c'est un accident du travail. Envoyez les documents d'accident du travail à remplir à votre responsable RH. Normalement, on devrait vous laisser tranquille un moment.

Prendre les appels de votre boss

- Dire non directement : « OK, si vous prenez les miens. Dites bien à mon mari que c'est une baguette pas trop cuite que je veux, et si ma mère appelle, je ne suis pas là. Et si c'est la nourrice, j'arrive. »

- Dire non en disant oui : prenez ses appels et décrochez avec une voix d'animatrice de téléphone rose. Si son conjoint appelle, dites qu'il/elle est en déjeuner privé à l'extérieur avec son assistant(e). Si c'est un client, ne notez pas son numéro et ne transmettez pas l'appel. Si c'est une invitation, ou un cadeau, ou une remise de prix quelconque, donnez votre nom et votre adresse personnelle pour les recevoir à sa place (c'est évidemment de l'humour, et pas un vrai conseil, mais vous aviez compris...).

Photocopier un livre de 250 pages en 3 exemplaires

- Dire non directement : « On va jouer aux charades, si je vous dis : Protection de l'environnement. Perte de temps. Service reprographie au sous-sol... Alors ? »

Variante osée : « Virginie, je sais que vous venez d'arriver comme DGA et que vous essayez d'asseoir votre autorité, mais ne voulez-vous pas aller importuner quelqu'un que ça intéresse ? »

- Dire non en disant oui : allez acheter 3 exemplaires du livre et faites une note de frais. Agrafez-y un devis du service reprographie prouvant que c'est moins cher d'acheter un livre que de le photocopier, et un topo sur les droits d'auteur interdisant la reprographie d'ouvrages entiers. Joignez-y une demande de promotion pour lui avoir évité un procès.

BÉBÉ NE FAIT PAS SES NUITS : COMMENT FAIRE LA SIESTE AU BUREAU ?

Controversée, ou carrément taboue, la sieste au bureau n'est toujours pas entrée dans les habitudes des travailleurs. Et pourtant, elle n'aurait que des avantages ! Après des nuits sans sommeil à soigner / nourrir / bercer un bébé, ça ne se refuserait pourtant pas !

Mode d'emploi :

1. La sieste au travail, une obligation ?

Si les employeurs se prononcent globalement contre la sieste au bureau, il n'en reste pas moins que les Français ont de gros problèmes de sommeil. Nouveau-né ne faisant pas encore ses nuits, rue bruyante, insomnies, anxiété, stress, abus de boisson à la caféine et d'écrans, les raisons sont nombreuses. Et un salarié qui dort mal, c'est un salarié qui travaille mal. Or, d'après une enquête TNS Sofres pour l'Institut du Sommeil et de la Vigilance, 45 % des Français ne dorment pas assez. La fatigue, physique et intellectuelle, est aussi mise en cause dans les affaires de burn-out. D'après l'INRS, les salariés souffrant de *burn-out* (ou épuisement professionnel) passent par les 3 phases suivantes : alarme, résistance puis épuisement. S'adonner à une sieste quotidienne soulagerait cette pression.

2. Persuadez votre hiérarchie

D'après le Dr David Servan-Schreiber, auteur de *Guérir* (2003) et de *Anticancer* (2007), faire une sieste par jour permet de réduire le risque de cancer et d'atténuer les effets de la dépression. Bref, la sieste est bonne pour le moral et pour la santé. Qui dit salarié en bonne santé dit pas d'arrêt maladie, dit une meilleure productivité... Voilà qui devrait convaincre même le patron le plus réticent : perdre 20 minutes de sieste fait gagner, sur le long terme, plusieurs jours de travail. Yves Gunder, médecin du travail à Paris, s'exclame : « *La sieste au travail, je n'y vois que des avantages ! Si les traders avaient pu faire une sieste entre deux opérations pour reprendre leurs esprits, peut-être qu'une grande banque française n'aurait pas perdu des milliards ?* »

3. Trouvez-vous des compagnons de sieste

« *Voulez-vous faire la sieste avec moi ?* » Ce n'est pas une proposition indécente, c'est une question très sérieuse posée par Sébastien, 34 ans. Ce responsable sécurité et réseaux dans une PME de La Défense a arpenté les couloirs avant de trouver trois partenaires de sieste. Avec ses acolytes, il réquisitionne une salle de réunion tous les jours de 13 h 40 à 14 h 00. Pas encore de lit ou de sac de couchage, mais assis sur des chaises, les volets fermés, ils ferment les yeux et s'assoupissent quelques instants. Sur la porte, une affichette « Ne pas déranger » décourage les importuns qui se faisaient un malin plaisir d'entrer ou de faire du bruit les premiers temps. « *Le patron ? Il n'a rien à dire : on le fait sur notre temps de pause déjeuner* », se défend Sébastien.

4. En pyjama, en voiture, avec un oreiller ?

Certains n'hésitent pas à apporter des affaires personnelles au travail. De là à venir avec son propre pyjama... Aïda, responsable d'un comité d'entreprise, s'agace un peu des demandes qu'elle juge farfelues : « *Entre ceux qui réclament une salle de sports, ceux qui apportent leur brosse à dents, leur dentifrice, leurs enfants... et maintenant le pyjama ? Où va-t-on ?* » Elle compte répondre à ceux qui lui poseraient la question qu'ils « *n'ont qu'à dormir chez eux* », ou dans les transports. « *Je fais le chemin en covoiturage. Je conduis une fois sur quatre mais les trois autres fois, c'est mon moment de sieste* », raconte Séverine, enseignante en Picardie. Attention cependant à la durée de votre sieste : « *Le sommeil se compose de phases différentes, 90 minutes pour le sommeil lent dit profond, et 20 minutes pour le sommeil paradoxal* », rappellent les experts. Programmez donc le réveil de votre téléphone portable, car si vous tombiez dans une phase de sommeil lent, le réveil serait trop difficile.

5. Et si vous ne pouvez vraiment pas...

Si, malgré tout, il vous est impossible de faire la sieste au travail, optez pour quelques astuces contre la fatigue au quotidien. Limitez les gros déjeuners lourds, les fritures, l'alcool, les plats en sauce ou pimentés : bref, tout ce qui mobilisera le corps sur la digestion et vous fera vous assoupir. Pour lutter contre les yeux qui piquent, vous pouvez opter pour une protection d'écran destinée à réduire les reflets et la luminosité. N'hésitez pas à faire quelques aménagements dans votre bureau : lumière vive mais indirecte pour ne pas fatiguer les yeux, fauteuils confortables, repose-pieds sont autant d'accessoires ralentissant l'arrivée de la fatigue. Enfin, ne négligez pas les odeurs. « *Pour se donner un coup de fouet au travail, rien de tel que la menthe poivrée* », conseille Pascale Muscat, maman et spécialiste des huiles essentielles. À installer en diffuseur dans toute la pièce ou à respirer directement, elle peut être couplée à la cannelle « excellente huile essentielle anti-fatigue ».

Avant de décider de votre propre chef de faire un somme, assurez-vous d'avoir une autorisation écrite : d'après la Cour de cassation, être surpris endormi sur son lieu de travail peut être considéré comme une faute grave menant au licenciement...

ET SI JE PRENAIS UN CONGÉ PARENTAL ?

Temps partiel, pause de 6 mois, retour à la maison : on y pense toutes à un moment ou à un autre. Est-ce fait pour nous ? À quoi cela nous engage-t-il ? Que faire de cette pause choisie ou imposée ?

Comme le chante Carmen Maria Vega dans *Hiérarchie* : « *Et d'un coup j'ai la flemme, et d'un coup j'ai plus envie...* » Nadia, vendeuse en boutique de vêtements à Strasbourg et mère de 2 enfants, a vécu cette envie de pause. Elle a pris 3 mois de congé parental dans la foulée de chacun de ses congés maternité. « *Je n'ai pas eu l'impression de mal travailler, au contraire. J'ai pris le temps nécessaire à mes petits et à moi pour me remettre de l'accouchement, nous connaître, trouver une bonne nourrice. J'avais besoin de ce temps de pause* », sourit la jeune maman.

Comme elle, beaucoup ne voient pas le congé parental comme une interruption mais plus comme un prolongement du congé maternité, jugé trop court en France. En Italie, il est fixé à 20 semaines, et au Danemark, à ce jour, les jeunes mères bénéficient de 28 semaines de congé maternité rémunéré.

Et cette rémunération est importante : c'est le nerf de la guerre. En congé parental, vous gagnerez environ 550€ en tout, soit : la PAJE (Prestation d'Accueil du Jeune Enfant) ajoutée au CoLCA (Complément de Libre Choix d'Activité). Même si on ajoute une allocation familiale (à partir de 2 enfants) ou une éventuelle allocation logement, la somme ne pèse pas bien lourd.

Surtout, il faut prévoir « l'après », car de congé parental en congé parental, on a vite fait d'arriver à plusieurs années! Sophie, 34 ans, assistante de direction, en a fait l'amère expérience. À la naissance de son premier bébé, elle prend un congé parental de 3 ans, suivi d'un autre congé maternité, puis d'un second congé parental. Finalement, elle a quitté l'entreprise plus de 7 ans et le retour est difficile. « *La PME avait été rachetée entretemps, mon poste n'existait plus. Ils avaient déménagé en grande banlieue, ce qui me valait 1 h 40 de transports en commun. Quand j'ai demandé un bureau, on m'a envoyée dans un tout petit bureau sans fenêtre. Le DRH ne voulait pas me renvoyer pour ne pas risquer un procès aux prud'hommes, mais je ne voulais pas démissionner : je voulais simplement un emploi.* » La situation ne se débloquera que 8 mois après, avec un licenciement amiable. Depuis Sophie a trouvé un poste d'assistante à trois stations de métro de chez elle...

➜ À savoir

Depuis 2009, un accord-cadre européen fixe à 4 mois et non plus 3 la durée minimale du congé parental d'éducation.

(Source : travail.gouv.fr)

SCÈNE 6
Le papa, un allié précieux

Officiellement, les pères aimeraient partager avec les mères les tâches liées à l'éducation des enfants et l'entretien du logement familial... Dans la vérité des statistiques, ils le font peu. Et même quand ils le font, la répartition reste sexuée : femmes aux tâches peu gratifiantes d'un côté et hommes aux tâches physiques et valorisantes de l'autre... La réalité ne dément pas le cliché. Alors, que se passe-t-il entre les paroles et les actes ?

SON PÈRE, CE HÉROS

En cause ? L'organisation du travail encore archaïque, avec sa toujours très forte notion de présentéisme, qui empêche les pères actifs de passer du temps en famille. Ceux-ci entendent les sempiternels « votre femme ne peut pas le faire ? » dès qu'ils sollicitent une journée enfant malade, une matinée d'absence pour accompagner leur enfant à sa première rentrée, ou un simple départ anticipé pour aller le chercher chez la nourrice... Derrière ces remarques, on voit poindre les stéréotypes de genre qui voudraient que la femme soit « douce » et tournée vers le foyer tandis que l'homme s'épanouirait uniquement à l'extérieur, en costume-cravate et attaché case...

D'après l'INED, les tâches ménagères sont effectuées à 80 % par les femmes. Plus étonnant, elles se rebellent peu contre cet état de fait. Lors d'une enquête, il a été demandé aux femmes de mettre une note sur 10 à leur satisfaction de la répartition des tâches ménagères. En moyenne, elles notent leur situation d'un 7,5.[10]

Pire, les écarts s'accentuent à l'arrivée du premier enfant : la répartition des tâches évolue toujours en leur défaveur à cette occasion. 38 % des jeunes mères expriment une insatisfaction grandissante à mesure des années[11]. Sept femmes sur dix déclarent préparer tous les repas et six sur dix s'occuper « le plus souvent » des courses. Vous avez dit « inégalité » ?

---

10. Étude A. Régnier-Loilier, *Population & Sociétés*, n° 461, Ined, novembre 2009.
11. Idem, étude réalisée entre 2005 et 2008.

quiz

SON PÈRE EST-IL INVESTI DANS SON ÉDUCATION ?

Calculez son coefficient d'implication !

1. **Qu'est-ce qui peut lui faire quitter le bureau plus tôt ?**
   a. Vous avez des contractions. ▲
   b. Votre bébé est malade. ✳
   c. C'est la finale de la coupe du monde. ✦

2. **Vous lui proposez de prendre un congé parental, il vous répond : Oui, si seulement…**
   a. C'est vous qui le prenez, et pas lui. ✦
   b. C'était mieux rémunéré. ✳
   c. Les enfants étaient propres et silencieux. ▲

3. **Au moment où vous allez sortir, votre fille commence à pleurer sur sa chaise haute.**
   a. Il vous crie : « Tu peux rester un peu t'occuper d'elle ? Je suis occupé là. » ✦
   b. Il se lève et va voir ce qu'elle a, identifie et solutionne la cause des cris. ✳
   c. Il lance mollement un « chhhhhut » dans sa direction. ✦
   d. Il se lève et vous dit : « Allez vas-y, pars, je sais gérer ! » ▲

4. Au milieu d'un mariage guindé, votre fils hurle : « Pipiiiii » !

a. Son père l'accompagne illico aux toilettes. ❊

b. Il attend que vous réagissiez. ✦

c. Il lui crie de se taire sans bouger et finit par aller nettoyer la flaque. ▲

5. Il connaît les prénoms des puéricultrices, surtout celle...

a. Qui est la référente de votre enfant. ▲

b. Qui appelle les parents quand l'enfant est malade, c'est toujours lui qu'on appelle. ❊

c. Qui ressemble à Doutzen Kroes. ✦

6. Il prépare les repas des enfants pendant que vous êtes en réunion. Vous retrouvez dans la poubelle...

a. Un emballage de purée, des petits pots, des épluchures de légumes. ❊

b. Des emballages de chips, de saucisson, et de donuts au chocolat. ▲

c. Rien. Il ne savait pas qu'il fallait leur faire à manger. ✦

RÉSULTATS

Chaque ✦ vaut 0 point, chaque vaut ▲ 1 point et chaque ✳ vaut 2 points.

Vous avez de 0 à 4 points

Peut beaucoup, beaucoup mieux faire ! Mais lui en laissez-vous seulement le loisir ? N'hésitez pas à lâcher prise, à lui confier plus de missions et à privilégier les moments père-enfant en tête à tête. Faites-lui confiance. Si ça ne fonctionne pas, reportez-vous au passage « 7 trucs pour partager les tâches ménagères », page 110.

Vous avez de 5 à 8 points

Leur père remplit son rôle de parent... mais n'hésitez pas à le pousser ! Et à lui faire confiance...

Vous avez de 9 à 12 points

Bravo ! En vrai papa-poule, leur père en prend un soin jaloux. Avec lui, vous êtes tranquille et vous dites parfois qu'il s'en occupe « mieux que vous ». Il pourrait donner des cours à quelques jeunes papas...

LE COÉQUIPIER DE MAMAN

Vous élevez vos enfants avec leur père, que vous soyez toujours ensemble ou pas. Comment l'impliquer ? Comment lui donner toute sa place de « co-parent », partager les tâches éducatives et ménagères ? Comme Calvin et Hobbes, Starsky et Hutch, Chapeau melon et Bottes de cuir, Bonnie and Clyde, Sonny et Cher, vous avez un co-équipier.

Hiérarchisez vos priorités et déléguez en maniant l'art de la « *to do list* ». Faire des listes, ça relève presque de la pathologie ou de la maniaquerie chez certaines femmes. Mais une bonne « *to do list* » peut sauver l'organisation de la journée. En écrivant noir sur blanc ce que vous avez à faire, vous verrez plus clairement quelles tâches sont prioritaires : « passer aux impôts – dernier délai demain » écrit à côté de « me couper les ongles des pieds » par exemple, ou « prendre rendez-vous vaccin bébé » juste en-dessous de « trouver cadeau enterrement vie de jeune fille de la sœur de la voisine ». Après avoir jeté vos missions diverses et variées comme elles venaient, attribuez-leur des numéros par ordre de priorité. Recopiez ensuite la liste en respectant l'ordre de priorité : dès qu'une mission est accomplie, rayez-la de la liste.

« Votre mission, si vous l'acceptez... »

N'hésitez pas à initier votre famille à ce principe, au début en leur faisant vous-même leur liste. Votre homme s'apercevra ainsi que « aller chercher chemises au pressing » passe avant « terminer ma partie de Mario Kart », mais après « préparer un gâteau pour la kermesse de l'école ».

En affichant vos listes côte à côte sur le frigo, vous pourrez aussi juger impartialement de la répartition des tâches dans la maison. Si vos aînés sont grands, préparez-leur aussi des petites listes de choses à faire à leur portée, comme : « faire un dessin pour Mamie » ou « vider mon sac de piscine » ou « mettre mon produit anti-poux ». Vous verrez, le rôle du contremaître qui distribue les tâches est beaucoup plus agréable que celui de la femme qui fait tout, seule et en silence !

En cuisine aussi, un soupir suivi de « Chéri, tu vas m'aider ou pas ? » est moins efficace qu'un « Chéri, j'ai une mission à te confier si tu acceptes ! » De même, ne dites pas « Ben, faut faire à manger... ». À la place, soyez précise dans vos attentes. « Moi je fais la marinade et toi tu coupes le poulet en lamelles ? » ou « Tu prends la barquette de lasagnes dans le congélateur et tu la mets à cuire. Toutes les indications sont sur le mode d'emploi.» S'il n'a pas les deux pieds dans le même sabot, il devrait pouvoir gérer.

Le truc de Ségolène, gérante d'un e-commerce, 3 filles

«Chez moi, on utilise la technique du CQFAR : Celui Qui Fait A Raison! Ça évite bien des disputes. Et ça permet aussi de sortir des domaines de compétences habituels : le papa qui va choisir une chemise de nuit, ça peut donner de supers résultats!»

7 trucs pour partager les tâches ménagères avec votre homme

Mais encore mieux : il est possible de faire trois choses, ou quatre à la fois. Comment ce miracle peut-il se produire? En déléguant. Si votre compagnon n'a pas eu lui-même l'idée de vider ce qui fut une poubelle à couches avant d'être un nid à mouches, n'hésitez pas à lui rappeler. Ainsi, pendant que vous-même vous faites quelque chose, vous confiez une mission à votre époux. Si Matthew McConaughey l'a fait pour permettre à sa femme, top modèle brésilien, de se consacrer à sa carrière, votre Jean-Mouloud de compagnon peut y arriver aussi.

1. Valorisez

Le choix sémantique est très important : on ne dit pas «m'aider, faire ça...», on dit «confier une mission».

Exemple : «Mon amour, toi qui as des muscles, j'aurais une mission à te confier : pourrais-tu s'il te plaît descendre la poubelle à couches?»

Le samedi matin, n'hésitez pas à faire un plan : «Je vais passer l'aspirateur. Pendant ce temps-là, tu vas chercher le linge dans la machine et tu le mets dans le sèche-linge, en enlevant bien les chemises sinon elles rétrécissent.» Quand le premier palier a été atteint, passez au deuxième : «Tu vois, ce gros produit noir avec écrit *strong*, c'est pour laver les plaques de cuisson, merci mon amour.»

2. Virilisez le ménage

Un aspirateur noir ou réputé masculin de type Dyson®, des produits pour hommes, des grattoirs... Nommez votre homme «responsable de...», c'est plus valorisant que «aide-ménager». Par exemple, il peut être responsable des repas le week-end, et du lave-vaisselle en semaine, tandis que vous l'êtes pour l'aspirateur et les repas de la semaine. Pour le reste, au cas par cas. Infantilisant ? Certes, mais on n'a pas trouvé plus efficace !

3. Montrez-lui que c'est une preuve d'amour

Élisabeth Badinter dit[12] qu'un homme qui ne partage pas les tâches ménagères, c'est un homme qui n'aime pas sa femme : mettez-lui sous le nez.

À l'inverse, si votre mari fait toutes les tâches ménagères tout seul, ce n'est pas normal. À vous de trouver votre équilibre de couple, mais l'un ne doit pas devenir l'esclave de l'autre. Le féminisme est avant tout humaniste.

4. Transmettez votre savoir

Perdez deux heures à lui montrer comment on repasse une chemise pour gagner le temps qu'il les repasse lui-même à l'avenir. Expliquez-lui pourquoi le pull en dentelle de laine ne va pas au lave-linge et comment une lingette Décolor'stop peut permettre de tout laver en même temps. Vous trouvez toujours ça infantilisant ? C'est que vous ne faites peut-être pas partie des femmes qui prennent en charge 80 % des tâches ménagères...

5. Responsabilisez-le

Il ne doit pas vous aider, il doit faire avec vous. Les hommes se contentent souvent d'exécuter quand on demande. Pour lui permettre d'anticiper et de planifier lui aussi, partagez les infos : le numéro de téléphone de la baby-sitter mémorisé dans le téléphone fixe de la maison, le planning des vaccins affiché sur le frigo... Il doit pouvoir tout savoir pour organiser.

6. Encouragez-le

Claire est analyste en laboratoire. Maman de deux enfants, elle se plaint que son mari fasse toujours tout mal. Du coup, il n'est plus motivé pour agir, car il sait qu'il va se faire enguirlander ! Ne faites pas comme elle : Monsieur fait la poussière sans soulever les bibelots ? Montrez-lui patiemment. Il met 2 heures pour ranger la chambre du bébé alors qu'avec votre savoir-faire, en 15 minutes ce serait fait ? Et alors, ce n'est pas grave, l'essentiel est qu'il le fasse. Pendant ces 2 heures, allez chez le coiffeur !

---

12. *Les Maternelles* – 25 mars 2010 sur France 5 – émission spéciale Elisabeth Badinter, en présence de l'auteure de *Maman travaille*.

7. Épuisez-le

Toutes les professionnelles s'accordent à le dire : si la maman est épuisée et le papa très reposé, la différence de rythme va finir par peser sur leur couple. Charge à vous de houspiller le papa : quand bébé pleure, il peut aller le chercher pour vous l'amener, ou lui donner son biberon, ou aller lui lire une histoire... Si les deux parents ont le même rythme, ils se coucheront (tôt) ensemble et éviteront le décalage classique : madame dort de 20 h 00 à 4 h 00 en pointillés et monsieur d'une traite de 23 h 00 à 8 h 00, ils ne se voient plus, ne se parlent plus et divorcent.

➔ Astuce

Vous n'arrivez pas à répartir les tâches naturellement ? Faites une liste avec deux colonnes, « moi » et « toi ». Au besoin, un site propose de télécharger des logiciels d'aide au partage des tâches : http://www.menage-equitable.fr

Tableau de répartition des tâches

Ce tableau de répartition des tâches est un exemple. Vous pouvez faire le même en le recopiant, ou en l'améliorant (ajoutez-y les tâches personnelles : arroser les plantes, sortir le chien, aller chez l'orthodontiste, etc.). L'idée est de montrer à votre compagnon l'étendue de ce que vous faites : non, la poussière ne s'envole pas par miracle, mais parce que vous vous en occupez trois fois par semaine, et si le yucca tient super bien, c'est parce que vous l'arrosez tous les dix jours.

Il va aussi permettre à chacun de gérer « ses » tâches comme il l'entend et, peu à peu, de responsabiliser les enfants. Vous noterez que le repassage n'y figure pas, il s'agit encore et toujours de la croisade de *Maman travaille* contre l'institution du repassage : madame et les enfants doivent porter des vêtements infroissables, la personne qui les sort du lave-linge les secoue vigoureusement, et monsieur est assez grand pour repasser ses chemises lui-même.

Tâche	Lui	Moi	Les enfants
Faire les courses	X		
Préparer le repas	X	X	
Mettre la table	X	X	X
Débarrasser la table	X		
Faire la vaisselle / remplir le lave-vaisselle / le vider		X	
Lancer les lessives			
Vider le lave-linge	X		
Faire les comptes		X	
Accompagner les enfants à l'école, à la crèche, chez la nourrice...		X	
Aller les chercher	X		
Accompagner les enfants à leurs activités, chez leurs copains		X	
Prendre RDV chez le pédiatre		X	
Aller chez le pédiatre	X		
Gérer les papiers administratifs	X		
Passer l'aspirateur	X		
Laver la cuisine		X	
Laver la salle de bains	X		
Changer les draps	X		
Faire la poussière		X	
Ranger les jouets			X
....			

PAPA TRAVAILLE... OU PAS

D'après une étude EQUILIBRES relayée dans le *Guide de la parentalité à l'usage des salariés masculins* (ORSE, 2008), les pères sont majoritairement concernés par leur rôle de parent. 52 % se définissent comme « équilibristes », désireux de partager les tâches et de jongler entre leur travail et leur famille, comme les femmes. 33 % se disent même « égalitaires » c'est-à-dire qu'ils s'attachent à en faire autant que leurs épouses en ce qui concerne les enfants. Et seuls 15 % se qualifient de « pourvoyeurs de revenus », à qui incombe la tâche de financer tout le foyer et qui ne s'investissent donc pas du tout dans l'éducation de leurs enfants.

Plus fort encore, une minorité de pères sort peu à peu du bois : ils s'occupent de leurs enfants, aménagent parfois leurs horaires pour aller les chercher à l'école, certains marquent même une pause dans leur carrière pour devenir père au foyer. Si vous avez une perle comme l'un de ces hommes, l'important est surtout de « lâcher prise » comme dit le pédopsychiatre Stéphane Clerget[13]. « *C'est important que les mères arrêtent de surveiller ce que font les pères et qu'elles les laissent faire* ». Il les enjoint « *Laissez les pères faire même s'ils ne font pas comme vous aimeriez qu'ils fassent.* »

Destiné à permettre aux hommes de prendre la place qui leur revient dans la famille, le congé paternité est accueilli de façon très hétérogène. Les moins bien lotis ? Les indépendants qui gagnent moins de 1 000 € par mois : seuls 18 % d'entre eux l'ont pris l'an dernier. Les salariés du public gagnant entre 1 000 et 2 000 € sont 93 % à le prendre. Entre les deux, les salariés du privé gagnant plus de 2 000 € sont 49 % à utiliser leur congé paternité[14]. La première proposition du réseau *Maman travaille* concerne d'ailleurs le congé paternité : le rallonger (le temps du reste de congé maternité de la mère soit 4 à 7 semaines selon les cas), et le rémunérer sans plafond permettrait à tous de le prendre l'esprit tranquille. Non seulement ce congé bénéficie aux pères, mais aussi aux mères : être accompagnée réduit les risques de dépression post-partum et donc d'arrêt maladie post-congé maternité, par exemple.

---

13. Dans le journal télévisé de 13 h 00 de France 2 du 28 juillet 2010.
14. Enquête *Autour des congés de la naissance*, DREES pour le Ministère de la Santé.

L'expérience de Cédric, manager carrières, père d'une petite fille de 3 ans

« Je travaille à plein temps mais ma fille passe toujours en priorité. Le jour de la rentrée, le dernier jour de crèche, je pose des congés pour être avec elle. Quand elle est malade, je quitte le travail pour aller la chercher et l'amener chez le pédiatre. Pour rien au monde je ne manquerai un spectacle, une fête de fin d'année, un moment fort. Dans 18 ans, je ne serai pas seulement le mec qui rentre le soir ou qui dîne avec maman, ou le porte-monnaie, mais bien son parent. On aura des souvenirs ensemble. Ma présence en qualité et en quantité porte déjà ses fruits : elle me confie souvent ses secrets et si elle se fait mal, elle réclame autant papa que maman. Ses dessins de papa dans un cœur ou de château pour papa son mes plus belles récompenses. »

Très souvent nous sommes, malgré nous, prisonnières de nos propres idées reçues. Les petites filles élevées tout ou en partie par leur père sont par exemple plus dégourdies que les autres. « *Les pères ne voient pas leur fille comme une fille, ils ne lui transmettent pas d'identité sexuée, c'est surtout vrai pour les filles aînées. Ils leur font découvrir des sports et les traitent comme une personne, pas une mini femme* », affirme le responsable d'une association de défense des pères divorcés.

Les chiffres semblent vérifier cette thèse : les mères citent en première position des secteurs professionnels les plus adaptés pour leurs filles le secteur des soins, le secteur sanitaire et social (aide-soignante, infirmière, éducatrice...). Chez les jeunes pères, il n'arrive que 3e. Les pères voient bien leur fille dans l'énergie, l'environnement ou les technologies de communication.[15] Il semble donc qu'une présence masculine permette de sortir des schémas traditionnels. Alors osez confier votre enfant à son père pendant que vous travaillez, c'est pour son bien !

15. http://www.travail-solidarite.gouv.fr/IMG/pdf/enquete_metiers.pdf

acte
4

Mère, femme et professionnelle

Ouverture

Incitées à « performer » comme professionnelles, invitées à devenir des mères parfaites, les mamans actives ne sont pourtant pas des « Wonder Woman », mais juste des êtres humains.
Tour à tour hyperactives et flemmardes, égoïstes et dévouées, mères et femmes...

SCÈNE 1
Une mère active n'est pas une mère indigne

Ce qui relevait initialement de l'autodérision de quelques mères modernes s'est peu à peu transformé en remise en cause, au premier degré, des capacités des mères qui travaillent à bien élever leurs enfants. Mais, pas plus que rester à la maison ne peut être considéré comme une preuve de parfaite maternitude, option Meilleur Mère du Mois, aller travailler ne peut pas être une preuve d'incompétence parentale (et vice-versa, bien sûr !). Notre statut ou notre profession ne définit pas le type de mère que nous sommes. On peut d'ailleurs être mère au foyer une année, mère active la suivante, alterner petits pots et purées bio, mercredi au McDo et samedi au boulot... et aimer ses enfants strictement de la même façon !

APPRENDRE À IGNORER LES MAMUNISTES[1]

Belle-mère à l'ancienne ou copine hantant les sorties d'écoles dès 15 h 40, patron nous disant « À force de déplacements, vos enfants vont vous appeler Madame », voisine en mal de commérages ou même inconnues croisées sur les réseaux sociaux, le tout-venant se fait un plaisir de juger vos capacités de parent... pour se rassurer sur les siennes ?

Il faut évidemment ignorer ces intégristes de la maternité, détenteurs du Petit livre rouge des parents, qui eux seuls bénéficieraient du don d'omniscience de la parentalité et, fort de cette conviction, s'érigent en

1. Le terme de « mamuniste » est extrait du roman *Un bébé à LA* de Risa Green (Marabout, 2007), dans lequel elle explique cette contraction de « maman » et « communiste ».

jury, vous plaçant dans une position d'accusé imaginaire sans présomption d'innocence possible. Mais surtout, nous nous devons de veiller nous-même à ne pas tomber dans la facilité de l'excès inverse en imposant nos propres codes de la maternité à d'autres. La maternité n'est pas une science exacte : mieux que Laurence Pernoud, Françoise Dolto, Aldo Naouri, la voisine ou moi-même, la personne qui connaît la solution la plus adaptée à votre cas personnel... sans surprise, c'est vous !

Mais si on veut un instant prêcher pour notre paroisse et plaider la mauvaise fois, on peut affirmer que le travail n'a (presque) que des avantages :d'abord, il garantit une liberté concrète à la femme comme dirait Simone de Beauvoir dans *Le Deuxième Sexe*. Ensuite il peut aider à sortir du baby-blues, à perdre les kilos de grossesse, permettre de se faire des amies, donner une bonne raison de bien s'habiller...

Depuis quelques années, la tendance est aux mères indignes[2]. Par cette appellation réductrice, on désigne en fait les mères qui ont décidé de ne pas faire tourner leur vie uniquement autour de leurs enfants. On trouve en chefs de file :

- Eliette Abecassis et son roman « Un heureux événement » (Ed. Stock) qui désacralise la maternité ;
- Florence Foresti et son spectacle *Mother Fucker* dans lequel elle clame « On se fait chier, au parc » ;
- La blogueuse et illustratrice Margaux Motin qui n'hésite pas à appeler sa fille alternativement « Poupette » et « Bébé Morue » ;
- Elisabeth Badinter qui affirmait « qu'à [son] époque, on fumait et on buvait pendant la grossesse, on était une femme avant d'être une mère, et tout n'allait pas plus mal » sur le plateau des *Maternelles* en 2010 ;
- Les auteurs du blog *Mauvaises mères* (http://mauvaisesmeres.fr) – Nadia Daam, Johana Sibroux et Emma Defaud ;
- Caroline Allard et ses *Chroniques d'une mère indigne* (Ed. Porc-éPic, 2007 et 2009).

---

2. L'auteure de ce livre a d'ailleurs souvent participé à des reportages sur le thème « mère active, mère indigne ».

Au-delà de la constatation manichéenne, on ouvre un vrai débat de société. Les « mères indignes » des médias ne sont pas de vraies mères indignes, elles ont simplement besoin d'être autre chose qu'uniquement des mères pour s'épanouir.

À l'opposé, on trouve les « mamunistes », ces mères qui font toujours tout en même temps, de la même façon, parfaitement, et vous jugent très sévèrement d'avoir confié une fois votre bébé à une baby-sitter. Ce mot, popularisé par le blog mamantravaille.fr, a été repris par plusieurs médias féminins (dont le magazine *Grazia* qui en a fait son « mot du jour » sous la plume de Nadia Daam, une des auteures de *Mauvaises mères*) et a fini par tomber dans le langage courant.

Mais en quoi le fait de travailler fait d'une femme une mère indigne ? Gagner de quoi subvenir à ses besoins, de quoi nourrir ses enfants, de quoi leur mettre un toit au-dessus de la tête, leur acheter des jouets, n'est-ce pas là une activité suffisamment prévenante ?

Quand un couple sur trois se sépare, un couple sur deux en région parisienne, est-ce indigne que de penser à l'avenir de ses enfants, de ne pas dépendre du bon vouloir ou d'une pension d'un ex-compagnon ?

10 bonnes raisons de travailler !

Oui, vous avez raison de travailler ! La preuve…

Voici 10 raisons plus que valables de travailler, même et surtout quand on est mère de famille. À dire à vos copines, votre belle-mère ou même votre compagnon quand ils vous rabâchent, comme David Douillet, que « le rôle de la femme est de rester à la maison ».

1. Voir des hommes en vrai : OK, Nagui est très beau, mais derrière son écran il ne risque pas de nous dire grand-chose. 82 %[3] des femmes avouent flirter au travail, c'est-à-dire se laisser dire des compliments ou en prononcer en retour. Bon pour le moral, pour la libido et pour l'ego !
2. Pouvoir déjeuner et partir sans payer grâce aux notes de frais. Lire notre chapitre consacré au sujet, et suggérer à votre boss un prochain dèj' à l'Atelier Robuchon.

3. *Le Figaro Magazine*, Étude Newwoman.co.uk, 2007.

3. Le travail fait maigrir : entre, d'un côté, faire les allées-venues école / maison et de l'autre, courir jusqu'au bus, monter les marches, aller de bureau en rendez-vous et de rendez-vous en réunion de l'autre, le calcul des calories perdues est vite fait... sans compter qu'au bureau, vous n'avez pas le frigo à dispo ! (Bon, évidemment, si vous travaillez dans la restauration ou que, chez vous, vous vous dépensez comme une folle, l'équation s'annule.)
4. Pour avoir des choses à raconter à l'Homme le soir quand il rentre. « Les fruits sont plus chers chez l'épicier qu'au supermarché » suivi d'un silence gênant, c'est moins intéressant que de raconter une conférence à laquelle on a participé.
5. Le travail sort du baby-blues : là-bas on voit des collègues, on a le sentiment du devoir accompli, on a quelqu'un avec qui dire du mal de l'émission de téléréalité diffusée la veille...
6. Avoir son indépendance financière : c'est triste, mais 1 couple sur 3 se sépare, 1 sur 2 en région parisienne. Pouvoir avoir un salaire à ce moment-là est bien appréciable, tout comme ne pas se forcer à rester avec un mari que l'on n'aime plus pour des raisons financières.
7. Montrer nos belles tenues et notre nouveau vernis bleu piscine ou corail à quelqu'un que ça intéresse : nos collègues femmes, la standardiste, la fille de la compta ; pas notre fils, ni notre chéri.
8. Donner un exemple de femme indépendante à nos enfants, surtout si ce sont des filles.
9. Pouvoir passer du « quality time » avec ses enfants : mieux vaut 2 heures pleinement avec eux le soir, que 7 heures dont 6 passées à hurler : « J'en ai marre de cette maison ! Je ne suis pas votre bonne ! » (charge à chacune de définir son « quality time »...)
10. Un jour, les enfants vont quitter la maison (si, si !), se marier, se pacser ou habiter dans une communauté néo-hippie, travailler eux-mêmes, partir vivre à l'étranger, ne plus trouver le temps de vous appeler... et il vous restera plus de 40 ans à occuper seule, par et pour vous-même ! Un travail semble être un bon passe-temps.

➔ LES EXPERTS MAMAN TRAVAILLE

À choisir, je préfère boire un verre avec des collègues que changer des couches à la chaîne. Suis-je un monstre ?

La réponse de l'expert : Nadia Daam, blogueuse et auteure de *Mauvaises Mères*, chroniqueuse dans *Les Maternelles*.

« La réponse est "non", évidemment. Car cela revient à se demander si on préfère boire un mojito en disant du mal de son patron ou rentrer à la maison mettre les mains dans le caca et prendre le risque de se faire uriner dans l'œil si on est pourvu d'un bébé de sexe mâle.

Bien sûr, vous pouvez ruser et emmener votre bébé en afterwork, mais ses selles molles risquent de faire le vide autour de vous. Or, une mère seule au comptoir avec son bébé en écharpe et qui beugle "c'est encore l'happy hour sur les pintes ?", ça fait très mauvaise mère.

Mais il existe un plan B : inviter vos collègues à la maison et leur demander de changer votre bébé en échange d'un verre de vin et d'un TUC. C'est bien ça, ça fait très team-building. Vous rassemblez les forces vives de l'entreprise autour d'un projet commun et bingo : vous êtes une bonne mère ET une salariée exemplaire. »

COMMENT ÉVITER LE *BURN-OUT* ?

À l'origine, le terme *burn-out* appartient au champ lexical de la toxicomanie ! Mais depuis peu, il a pris un sens nouveau et désigne simplement le « syndrome d'épuisement professionnel ».

Maladie peu identifiée, le *burn-out* a des conséquences graves sur la santé physique et mentale des personnes touchées, des femmes en majorité.

Chaque femme compose et met en place ses propres solutions pour l'éviter. Au japon, burn-out se traduit par karoshi, littéralement « mort par excès de travail » !

> **À savoir**
>
> 29 % des femmes subissent un stress intense dans leur quotidien.
>
> (Source : Passeport Santé)

10 secrets anti-burn-out de mères (hyper)actives

1. Laurence, gérante d'Aboneobio, 3 enfants, Angers : « *Pour ne pas péter un plomb, j'ai un rituel du matin : un vrai petit-déjeuner au calme, et je sors mon chien. C'est tout simple, mais ça me permet de marcher, réfléchir, et avoir un moment de tranquillité avant de me plonger dans la journée.* »
2. Raphaëlle, professeur des écoles et rédactrice-traductrice, 2 enfants, Mâcon : « *Le premier mardi de chaque mois, c'est soirée filles. Avec les anciennes de l'IUFM, on se retrouve pour des soirées à thème organisées à tour de rôle, sans mari, ni enfant. Je rentre très tard... et très détendue.* »
3. Valérie, directrice marketing de Vivolta, présidente de Cyber Elles, 2 enfants, Paris : « *Mon secret, c'est ma sophrologue. J'étais stressée, angoissée et aller la voir m'a débloqué quelque chose, c'était formidable. Depuis je vais mieux !* »
4. Gwenaëlle, secrétaire médicale et animatrice d'un club de poker pour femmes, 1 enfant, Londres : « *Je ne connais pas le blues du dimanche soir : chaque semaine, on se cale dans le lit avec une tonne de junk food et on se gave de séries américaines, en amoureux, pendant que notre fille dort dans sa chambre. J'attends ce moment avec impatience...* »
5. Amina, assistante sociale, bénévole dans une association de parents et présidente des parents d'élèves, 2 enfants, Drancy : « *Dès que j'ai un coup de cafard, je réserve une journée au hammam avec la totale, savon noir, gommage, bains, sauna... seule ! Pour une fois, pas tenue d'écouter les problèmes ou de faire la conversation, je me délasse enfin.* »
6. Marie-Amélie, analyste financière dans une banque, 4 enfants, Aix-en-Provence : « *Je vais au stand de tir. Je suis inscrite depuis peu. Je suivais une psychanalyse qui ne menait nulle part et étais toujours*

épuisée. Ma belle-sœur m'a conseillé d'évacuer mon stress, mais je ne suis pas sportive pour un sou. Par hasard, un collègue m'a parlé du stand. Je me défoule, je tire, je crie comme une dingue. Ça m'évite de saouler mari et enfants avec les histoires du travail. »

7. Françoise, conceptrice-rédactrice événementielle free-lance, 3 enfants, Paris : « *J'ai une bonne hygiène de vie. Je dors autant que mon dernier petit bout me le permet, je mange équilibré… Je me suis déjà retrouvée bloquée du dos ou du ventre à cause du stress, alors j'anticipe en maintenant ma bonne santé et en évitant les maladies par ces petits gestes.* »

8. Gaëlle, gérante de Tibaou, boutique de commerce équitable, 1 enfant : « *Comme je suis mon propre patron, quand je surchauffe, je m'accorde une grasse matinée ou je prends ma demi-journée pour me reposer. Il faut savoir reculer pour mieux sauter !* »

9. Stéphanie, directrice d'une agence d'assistant business, 1 enfant, Gif-sur-Yvette : « *Quand je suis en passe de craquer, ce que je peux voir venir grâce à mon coaching, j'essaye de "satisfaire les besoins psychologiques". À tel ou tel moment il s'agira de retrouver ma fille en tête-à-tête, de partir en week-end en famille, de m'offrir quelque chose… Mais le burn-out physique, dans mon cas, il n'y a pas 36 solutions : je vais me coucher, et je me relève quand je peux le faire. Je ne me couche pas le jour d'un événement (!), mais les jours suivants, si c'est nécessaire pour ma réinitialisation, je le ferai et me reposerai peut-être 48 heures. Je pense souvent à la santé, car je sais que quand je ne l'aurai plus, cette vie-là s'arrêtera… il faudra trouver la parade !* »

10. Valérie, femme d'affaires, auteure, fondatrice de MyPrivate Coach et LeBootCamp, égérie internationale du Coq Sportif, 3 enfants, Los Angeles : « *Pour gérer votre stress, je vous invite à pratiquer le yoga respiratoire. Assise, les jambes en tailleur, le dos droit. Je ferme les yeux. Je prends une grande inspiration par le nez. Puis, je pose mon pouce droit sur ma narine droite et j'expire avec la narine gauche. J'inspire avec la narine gauche puis je ferme la narine gauche avec l'index de la main droite. J'expire par la narine droite puis re-inspire et je continue ce petit manège environ 5 minutes. Après cela, vous avez fait le vide, la vie est belle et plus rien ne vous stresse !* »

quiz

FAITES-VOUS UN BURN-OUT[4] ?

- ☐ Vous avez la sensation d'échouer en permanence, d'être épuisée.
- ☐ Votre travail ne vous intéresse plus, vous faites vos missions comme un robot.
- ☐ Vous vous trouvez inintéressante, pas jolie, pas intelligente.
- ☐ Vous avez des migraines, des douleurs aux articulations.
- ☐ Vous doutez de vos capacités de mère.
- ☐ Vous avez l'impression de ne rien faire de vos journées, à part travailler, et encore.
- ☐ Vous prenez vos distances avec vos collègues, vos clients, vous êtes plus froide que d'habitude.
- ☐ Vous n'avez qu'une envie : rester chez vous et vous rouler en boule.
- ☐ Vous ne créez plus rien, au travail et en-dehors, vous n'avez plus d'idée sur rien.

4. Test inspiré de la définition des symptômes de burn-out par Baron Perlman et Alan Hartman, psychologues.

- ☐ Votre attitude est parfois inappropriée au travail : rire hors contexte, pleurs, énervement facile.
- ☐ Vous pleurez (de tristesse, d'émotion) très facilement.
- ☐ Vous êtes préoccupée par le fait de ne pas réussir.
- ☐ Vous pensez souvent à la mort.
- ☐ Vous vous jetez sur des palliatifs (achats compulsifs, nourriture).
- ☐ Vous prenez ou avez envie de prendre des anxiolytiques.
- ☐ Vous n'arrivez pas à vous endormir sans somnifère, ou pas du tout.
- ☐ Le matin, vous vous réveillez très tôt malgré vous.

Si vous avez répondu « Oui » à la majorité de ces affirmations, vous souffrez peut-être d'un burn-out.

Deux étapes vous seront nécessaires :

1- du repos,

2- un rendez-vous rapidement chez le médecin.

→ LES EXPERTS MAMAN TRAVAILLE

Dans un contexte économique tendu, peut-on parler d'un « management par le stress » avec les mères actives en première ligne ?

Réponse de l'expert : Yves Gunder, médecin du travail au Centre de Médecine Prévention (Paris, 9e) :

« *Toutes les entreprises ont l'obligation de veiller à préserver la santé des personnes qui y travaillent. Cette obligation de nature réglementaire (et éthique) se heurte à une certaine réalité économique dans un contexte de plus en plus concurrentiel et mondialisé. L'intensification, maître mot de ces 10 dernières années, conduit à des situations contrastées : certains jettent l'éponge, d'autres s'arrêtent en maladie. Ceux qui restent voient parfois leur travail multiplié du fait que les absents ne sont guère remplacés. Ajoutés à cela les autres facteurs de stress et on arrive souvent à un cocktail explosif de détresse et d'isolement pouvant conduire à des gestes irréversibles.* »

quiz

CALCULEZ VOTRE COEFFICIENT DE MÈRE INDIGNE !

Quiz à faire ou à faire faire à votre homme, ça marche aussi avec les pères… À vous de jouer !

1. Maman travaille. Mais comment ?

- ▢ Vous travaillez. ▲
- ▢ Vous travaillez à plein temps. ▲
- ▢ Vous travaillez hors de chez vous. ▲
- ▢ Vous travaillez parfois le week-end ou le soir. ▲
- ▢ Vous travaillez de chez vous, mais quand la prunelle de vos yeux devient trop bruyante, vous décidez que c'est l'heure de sa sieste. ▲

2. Le génie de la lampe magique d'Aladin a décidé d'exaucer notre vœu le plus cher : il crée une journée de 48 heures, mais juste une fois ! Avec les 24 heures en plus :

- ▢ Vous terminez un dossier urgent pour un client / votre chef / un collègue. ▲
- ▢ Vous faites tourner une machine de linge, du repassage, un grand tri de l'armoire. ✦
- ▢ Vous organisez un déj' en amoureux, du shopping, un ciné et la tournée des bars avec une copine. ❊
- ▢ Vous organisez un pique-nique avec vos enfants, suivi d'une séance de découpage / collage / coloriage. ✦

3. Ah, l'allaitement...

- ☐ Pouah ! Jamais ! Chacun ses seins et les vaches seront bien gardées. ✳
- ☐ Ça fait rêver... chez les autres. ✳
- ☐ Comme Jules César, vous êtes venue, vous avez vu et... vous avez acheté un pot de lait en poudre Premier âge et un lot de biberons. ▲
- ☐ Vous avez allaité parce qu'il le faut bien. ▲
- ☐ Quelle période merveilleuse de fusion entre bébé et vous, si vous aviez pu, vous auriez allaité jusqu'à ses 2 ans ! ✦

4. Attention, questions précises. Répondez sérieusement et vérifiez ensuite les réponses.

- ☐ Quelle est la pointure de votre enfant ? ▲
- ☐ Quel est son poids (à la dernière visite chez le pédiatre) ? ▲
- ☐ Quel est le nom du dernier vaccin qu'il/elle a reçu ? ▲
- ☐ Quel est le nom de famille de la directrice de l'école / la crèche / la nourrice ? ▲
- ☐ Quel est le prénom de son copain/ine préféré/e ? ▲

Bonus : Quel est son groupe sanguin ? ▲

5. Avez-vous déjà...

- ☐ Acheté pour lui un menu Happy Meal ou toute autre nourriture de fast-food ? ▲
- ☐ Regardé un épisode d'une série policière comme on les aime en sa présence ? ▲
- ☐ Prévu de lui acheter des habits, et finalement, vous êtes revenue avec quelque chose pour vous ? ▲
- ☐ Oublié sa fête (Votre tête quand un collègue vous a dit « Bonne fête à ton petit Théophile ! ») ▲
- ☐ Eu un bon quart d'heure de retard à la crèche / l'école / chez la nourrice ? ▲
- ☐ Oublié de payer la crèche / la cantine / la nourrice ? ▲

Chaque ✦ vaut 0 point, chaque vaut ▲ 1 point et chaque ✳ vaut 2 points.

ALORS, ALORS ?

Mon total de points : ....

Vous avez moins de 13 points : vous êtes une mère peu indigne / pas indigne du tout

On pourrait vous accuser d'avoir triché, vous conseiller de penser un peu plus à vous et un peu moins aux autres, vous rappeler que mettre la barre trop haute mène tout droit au burn out... mais on ne le fera pas. Parce que vous êtes une grande fille, et parce que si vous fonctionnez comme ça, c'est que vous avez vos raisons (qui ne sont pas moins valables que d'autres). Cette tendance des mères indignes, ça vous fait sourire jaune, de loin, et vous ne comptez pas vous y plier pour avoir l'air moderne. Peut-être même que, finalement, vous ne vous étiez jamais pose la question en ces termes ? Vous êtes une mère active, point, si vous allaitez (par exemple) ce n'est en aucun cas pour suivre un dogme, mais parce que vous le voulez bien ! Vous ne vous considérez pas comme une « mère parfaite », simplement comme une mère qui assume ses choix. Concluons par ce proverbe, un peu kitsh mais néanmoins touchant : « il n'y a qu'une seule meilleure maman au monde... et c'est chaque enfant qui l'a ».

Vous avez plus de 13 points : vous êtes une mère indigne / très indigne

On ne va pas vous féliciter, les esprits chagrins et les mamunistes grinceraient des dents... Au moins, vous avez fait ce test sincèrement ! Mais alors, par rapport à qui, à quoi êtes-vous une mère indigne ? Ne pas se souvenir du nombre de grammes après la virgule du poids de son enfant ou de la signification de son prénom en celte ancien ne signifie rien. D ailleurs, vous connaissez le nom de son ami imaginaire et les paroles de la chanson qu'il / elle a inventées, son odeur au réveil et le côté de votre ventre qu'il préférait in utero : ça ne rentre pas dans les cases, mais c'est beaucoup plus important. Pour vous, être une bonne mère, c'est avant tout lui inculquer des valeurs, lui donner de l'amour et s'intéresser à ce qu'il / elle ressent, pas à ce qui « fait bien de raconter aux copines » (« Il a 8 dents, youhou ! » Ce n'est pas un concours… et en plus, honnêtement, tout le monde s'en fout). Grâce à vous, votre enfant va devenir dynamique, indépendant, éveillé… parce que sa mère sera épanouie ! Et si vous n'avez pas de photo de vos enfants dans votre portefeuille, c'est parce que vous souffririez trop de les perdre. Mais leurs visages, de la naissance à leurs éclats de rires, sont gravés dans votre cœur. Sauf que ça, vous êtes trop pudique pour le dire, d'un air détaché, quelque chose comme : « Oh, ça va, les nains je les vois déjà tous les soirs à la maison… ». Mère indigne ? Mon œil !

NB : Il s'agit bien sûr d'un test rigolo, destiné à dédramatiser et à riduculiser la notion de « mère indigne » et les personnes qui porteront des jugements sur vos qualités de mère, que nous savons nombreuses !

SCÈNE 2
Ménagère, manager : même combat

Comment gagner du temps quand on n'en a pas ? Voici tous les secrets de la 25e heure.

Comment gagner du temps sous la douche ?

Une femme passe de longs moments dans la salle de bains. Mais une mère n'a pas une heure à perdre ! Heureusement, pendant que le masque pose, que la crème dépilatoire s'étale, que le gommage se fait... notre esprit est libre. Profitez de ce moment pour écouter la radio, de préférence les ondes ou les émissions ayant trait à votre activité professionnelle. Si vous avez un texte à apprendre en prévision d'une intervention, d'une conférence ou d'une réunion, enregistrez-le sur un dictaphone. Passez-le en boucle sans y prêter plus attention que ça pendant que vous vous douchez. Sans que vous y fassiez attention, le discours va entrer tout seul dans votre tête pour s'y imprimer.

Comment arrêter de perdre du temps avec mes mails ?

Quel est le mode de communication le plus rapide ? Un mail ? Faux, les courriels, pour franciser le terme, nous font perdre chaque jour un temps précieux au bureau. Un temps que nous pourrions consacrer à autre chose qu'actualiser frénétiquement... Alors, comment arrêter de perdre du temps avec vos mails ?

Ayez une seule adresse mail

geraldinefeuillade@brotherandbrother.com pour le boulot,

gege72@msn.com pour les powerpoints et les chaînes des copines,

geraldineetjohndavid@yahoo.fr pour la famille,

ggvendtout@gmail.com pour votre compte ebay...

Trop, c'est trop ! Imaginez le temps que vous passez à vous connecter, entrer vos codes, valider, puis changer de site pour actualiser vos autres boîtes mails... Réunissez tous ces comptes sur une seule et unique adresse. Vous n'aurez qu'à vous identifier une fois pour toutes, le matin !

À défaut, si vous préférez disposer de plusieurs adresses mails, optez pour un « client de messagerie » comme Thunderbird ou Outlook.

Faites des dossiers

Maintenant que vous avez une seule adresse mail, vous pouvez vous organiser : École pour l'association de parents d'élèves ; Bureau pour le travail ; Perso pour les mails de votre famille et de vos amis ; Doudou pour les messages enflammés de votre homme ; Administratif pour la banque, les impôts… Et classez le mail dès que vous le recevez : pour l'instant, ça vous semble fastidieux, mais quand votre collègue vous demandera à 19 h 00, alors que vous êtes déjà en retard, de lui sortir le dernier mail de la SARL Machin&Truc, vous bénirez votre sens de l'organisation…

Supprimez les mails lus et répondus

Cela évitera d'encombrer et de saturer votre boîte de réception, et ça permettra de retrouver illico les mails importants que vous cherchez ! Idem pour les accusés de réception, qui ne servent à rien une fois reçus (ils n'ont aucune valeur juridique et sont parfois envoyés automatiquement, alors que le destinataire n'a même pas lu votre courriel).

Désabonnez-vous des newsletters invasives

Un site d'achats en ligne vous offre une réduction pour tout achat supérieur à 41 750 €, vous annonce qu'un nouvel article a été mis en ligne, vous rappelle que vous avez 4 points sur votre carte de fidélité, vous propose d'acheter du viagra en gros pour pas cher… Prenez une heure pour vous désabonner de toutes ces newsletters, qui polluent votre boîte mail. Autant de temps de gagner pour après ! Si vous tenez absolument à ne rien manquer de toute l'actualité de tous les sites où vous avez cliqué, optez pour une page *Netvibes*.

Arrêtez d'envoyer des mails à vos voisins de bureau !

Le moyen d'échanger le plus efficace ? La parole ! Grâce à cette merveilleuse invention, vous pouvez parler directement à votre interlocuteur, et lui peut vous donner la réponse en direct-live ! Adoptez cette résolution : si la personne à qui vous vous apprêtez à envoyer un mail est à moins de 5 minutes de marche, une seule chose à faire : fermez votre boîte mail et levez-vous !

➜ À l'école ou à la crèche, ne donnez pas votre mail professionnel. Réservez-le à un usage vraiment pro, confiez plutôt votre numéro de téléphone, sinon gare aux spams.

Le truc de Laëtitia, professeur de danse, maman de Nolan

« Je ne dépends jamais de la télé ou de la radio. Je podcaste toujours les émissions de radio qui me plaisent et j'enregistre les programmes TV qui m'intéressent. Et j'emmène les podcasts radios pour les écouter dans le bus, ce qui rend le trajet plus agréable. De cette façon, c'est moi la seule maîtresse de mon emploi du temps ! »

Comment utiliser les temps morts ?

Les temps morts ou d'attente doivent être utilisés :

- Salle d'attente du médecin, du pédiatre
- Transports en commun
- Entre deux rendez-vous
- À l'aéroport, à la gare
- Aux toilettes
- Attente d'une livraison

Tout d'abord, quand vous savez que vous allez attendre (aux impôts, aux urgences), n'y allez pas avec toute la famille. Évitez autant que possible les rendez-vous médicaux avec toute la fratrie, évitez de débarquer avec un bébé quelque part où 2 heures de queue vous attendent : entre les gens « prioritaires » qui passeront devant vous, les bugs informatiques, les espaces confinés, le stress est garanti. Vous allez suer, pester, vous énerver, crier sur votre homme et faire pleurer votre bébé (s'il ne pleure pas déjà). Et puis vous imaginez-vous changer une couche / donner un biberon / le sein dans la file d'attente avec votre ticket n° 47 à la main (de surcroît quand on appelle le n° 2 au guichet) ?

Laissez donc bébé à la maison avec son papa ou une baby-sitter ; ou alors restez avec lui et envoyez votre compagnon. Si bébé est déjà gardé, n'y allez pas en couple non plus : vous avez la chance d'être deux, faites deux missions, vous gagnerez deux fois plus de temps.

3 trucs à faire partout, tout le temps :

1. Faire une liste (*to do list*, liste de courses, liste des invités à l'anniversaire de Chéri, liste des dossiers à finir au bureau avant les vacances, liste des listes à faire...). Grâce à cette méthode, vous saurez exactement où vous en êtes.
2. Répondre aux mails en retard. Listez vos mails importants et tapez vos réponses depuis votre téléphone. Si vous n'avez pas de connexion, tapez-le en mode « hors ligne » et envoyez-le dès que vous en récupérez une. Hop, qui est à jour sur ses mails par magie en rentrant ?
3. Muscler son périnée. Très simple, peut se faire partout, améliore la tenue du corps, préserve de la descente d'organes et permet d'avoir un tonus agréable lors des relations intimes : bref, le truc idéal. Serrez le périnée comme si vous vous reteniez de faire pipi. Tenir 5 secondes, relâcher 3 secondes. Tenir 10 secondes, relâcher 5 secondes. Faire des séries de 10. Et voilà, vous n'avez pas perdu de temps, vous avez pris du temps pour votre gym du périnée tout en remplissant des corvées !

Bonus : de la relaxation. Si, si, c'est une activité ! Vous inspirez par le nez et la bouche quatre temps, vous bloquez deux temps, vous expirez six temps. À répéter trois fois pour se détendre !

Ma *to do list* à remplir :

À faire...	Dans la journée	Dans la semaine	Dans le mois	Fait, bravo !
Travail : dossiers à corriger, clients à rappeler, augmentation à demander, RDV à reporter...				
Maison : livraison de colis, tri de papiers, banque, assurance, aspirateur...				
Entourage : Trouver cartes d'anniversaires copines, téléphoner famille, préparer apéro voisins...				
Enfants : Trouver les sacs de sports, valider inscription baby-sitter, réunion de parents-profs ou à la crèche...				
Perso : Réservation d'un dîner en amoureux, acheter magazines, enregistrer émission TV politique, s'épiler le duvet...				

Au secours, je n'arrive pas à me reposer !

Entre deux courses après le temps, vous ressentez le besoin de carrément décrocher : ne penser à rien, vous relaxer, faire une pause, même courte. Mais... vous n'y arrivez pas ! Si vous restez chez vous, vous allez faire les lits, si vous sortez vous irez chercher votre enfant plus tôt que prévu, et au bureau vous préparerez des mémos...

Pour vous forcer à faire une pause, vous pouvez vous offrir de temps en temps une séance de massage. En 20, 30 ou 60 minutes, à vous les bougies, le silence et les papouilles relaxantes. Pour un laps de temps plus court, une séance d'UV de dix minutes recharge votre corps en vitamine D grâce à la stimulation de la mélanine et vous force à vous poser et à ne rien faire. Et en plus, vous sortez bronzée !

L'art de la micro-sieste : Comme les ministres, les cadres dirigeants et plus généralement toutes les personnes soumises à une grosse pression, les mères actives peuvent pratiquer la micro-sieste. En 3 minutes maxi, l'idée est de permettre à votre corps de se régénérer sans vous faire perdre de temps. On ferme les yeux assis, un stylo dans la main, la main suspendue en l'air. Quand le stylo tombe, c'est qu'on est assoupi : le stylo nous réveille en tombant et nous évite de commencer une vraie phase de sommeil. Idéal entre deux rendez-vous, en fin de matinée, après déjeuner ou le soir, avant de commencer une réunion qui promet d'être épuisante.

COMMENT GAGNER DU TEMPS (ET DE L'EFFICACITÉ) EN RÉUNION ?

Fuyez avant tout les grands malades atteints de réunionite. Quand on vous propose une réunion, répondez toujours en premier lieu que ça va être difficile de vous libérer et demandez s'il est possible de procéder par téléphone, conférence téléphonique, ou tout autre merveilleux moyen technologique qui vous permettra de gagner du temps.

Si c'est impossible et seulement dans ce cas, déplacez-vous. Les réunions ont lieu en général dans les locaux du plus haut placé (vous êtes enseignante, direction l'inspection académique ; vous êtes intérimaire, direction l'agence d'intérim ; vous êtes écrivain, direction la maison d'édition), ou à défaut de celui qui paye (le client, ou le boss).

Même si vous n'êtes pas la secrétaire de la réunion, prenez quelques notes rapides qui vous permettront de vous y reporter quand vous aurez un doute sur le « qui a dit quoi ». N'hésitez pas à nommer une personne responsable du compte-rendu ou à défaut, le faire vous-même.

L'un des participants doit être responsable du chronomètre et avertir 10 minutes avant la fin pour demander la conclusion, sinon nous savons que la réunion peut s'éterniser. Dans le même esprit, bannissez les réunions après 18 h 00, le lundi matin ou le vendredi après-midi : personne ne sera concentré.

« Jean-Claude, vous m'écoutez ou vous serez puni au coin sans dessert ! »

Le fait que votre interlocuteur vous écoute ou s'endorme tient beaucoup au ton et au placement de votre voix. Si vous parlez à une assemblée, levez-vous, regardez chacun à tour de rôle. Appliquez la technique de feue Super Nanny et mettez-vous à la hauteur de votre interlocuteur.

Articulez, ponctuez avec les mains, appuyez sur les temps forts. Écoutez-vous parler ou à défaut, enregistrez-vous avec un dictaphone : une voix « maternante » et une voix « pro » : la voix maternante articule plus, est posée, douce, placée un ton au-dessous. La voix pro est plus grave, saccadée, moins respirée par le ventre et plus par le sternum.

Utilisez la seconde, avec le côté pédagogue de la première. Michèle Obama par exemple, a totalement changé sa communication après l'élection de son mari. Grande avocate d'affaires, habituée aux plaidoiries et aux dossiers difficiles, elle a dû « cesser de parler comme en réunion » et se donner le rôle de « Première Maman » en parlant « comme à ses enfants » en présence de la presse, d'après ses conseillers. Essayez de prendre conscience de vos voix et de les modifier en vous regardant dans la glace !

« Mes enfants m'attendent... »

Si vous avez un horaire maximal de départ (18 h 45 précises, par exemple), prévenez au début de la réunion, une seule fois, en le disant à deux personnes : l'animateur de la réunion et votre N+1. L'heure venue, partez simplement en faisant un signe de tête. Ne restez pas faire l'*after* de la réunion devant la porte alors que vous étiez pressée, ça serait malvenu. De nombreux réseaux, dont *Maman travaille*, militent pour la limitation des réunions après 18 h 00. Dans les faits, il n'est pas toujours facile d'imposer son départ sans entendre le sempiternel « Tu prends ton après-midi ? »

De même, l'usage de votre téléphone doit être restreint. Si vous travaillez dans la téléphonie ou le web, on comprendra que vous le posiez sur la table. Sinon, laissez-le dans votre sac : la réunion ne durera pas *at vitam aeternam* et en cas de problème avec vos enfants, les personnes responsables ont le numéro de téléphone de leur père.

LES EXPERTS MAMAN TRAVAILLE

En cas de souci avec mon fils, l'école m'appelle toujours, alors que je suis en réunion, et jamais son père ! Comment leur faire comprendre que je travaille autant, sinon plus ?

Réponse de l'expert : Alice Buckler, professeur des écoles et chroniqueuse couple, 2 enfants

« C'est effectivement une mauvaise habitude, comme "l'heure des mamans". Personnellement, je l'ai remplacée par "l'heure de la fin des cours". Mais la principale raison n'est pas sexiste, elle tient à une réalité : ce sont les mères qui remplissent les fiches d'inscription de début d'année, en majorité, et elles remplissent donc leur numéro de portable à elle ! Quand les pères rempliront les fiches d'inscription et autres corvées administratives, ils seront appelés. Ou alors, Mesdames, notez son numéro à lui en priorité ! »

Le truc de Rachel, directrice d'une agence de service, maman de 2 enfants

« Je prépare toujours le planning d'une journée la veille au soir. Coucher mes tâches sur le papier me permet de m'endormir l'esprit libéré, et comme ça, je ne perds pas de temps le matin à me demander comment je vais m'organiser ! »

L'AGENDA DES MAMANS ACTIVES

Ou comment ne plus jamais oublier de rendez-vous, comment tenir un bel agenda, comment choisir entre le séminaire annuel et la kermesse de l'école, comment bénéficier de jours enfants malades ?

Pensez aussi à prévoir les temps de trajet : un déjeuner à 13 h 00 et un rendez-vous chez le dentiste à 14 h, c'est illusoire. Même si votre déjeuner ne prend qu'une heure, comptez le temps nécessaire pour le trajet + 30 minutes de battement (15 minutes pour le départ, 15 minutes pour l'arrivée). Le temps consacré à la recherche d'une place pour se garer ou à l'inévitable « incident voyageur » dans le métro doit aussi être pris en compte.

Ne surestimez pas votre journée, ni votre temps, ni vos forces. Non, il ne faut pas un quart d'heure pour aller de La Défense à la Gare de Lyon. Non, vous ne pouvez pas « vous passer de déjeuner pour une fois », sinon gare au coup de pompe. Et non, votre enfant ne sera jamais prêt en 4 minutes.

Quand vous avez un rendez-vous important, ne chargez pas le reste des créneaux horaires. Une prise de parole dans une conférence, un entretien d'embauche, l'organisation d'un événement, la rentrée scolaire, un examen médical lourd : toutes ces activités se suffisent à elles-mêmes. Si vous en programmez trop, vous risquez de les annuler au dernier moment.

Attention ! Si vous avez trop surchargé votre planning et que vous devez annuler des rendez-vous, classez-les d'abord par ordre de priorité. Non, une carie ne peut pas attendre, par exemple.

Avertissez votre interlocuteur du temps dont vous disposez : c'est moins impoli que de partir d'une minute à l'autre alors qu'il commande une poire pour le digestif. « Je suis ravie de vous voir ! Je dispose d'une heure, car j'ai un rendez-vous après, j'imagine que vous aussi ».

Ne prenez pas de rendez-vous trop à l'avance : c'est le meilleur moyen de l'oublier. Optez pour une plage du type : « Voyons-nous début juin : on se rappelle autour du 15 mai ? ». Vous notez le 15 mai : « Appeler Machin pour fixer le rendez-vous ». Notez aussi des rappels pour vos rendez-vous importants. Si vous avez un entretien d'embauche, un rendez-vous à l'hôpital, le mariage d'une amie… notez 8 jours avant dans votre agenda : « entretien dans 1 semaine », ça vous évitera de feuilleter votre agenda.

Quels que soient votre ancienneté et votre statut, vous avez droit à 3 jours d'absence pour vous occuper de votre enfant malade. Ces trois jours ne seront pas rémunérés, sauf mention contraire, mais fréquente, de votre convention collective. Si vous avez 3 enfants dont un de moins de 16 ans ou que votre enfant est âgé de moins d'un an, vous avez même droit à 5 jours par an. Les jours vous seront accordés sur présentation d'un certificat médical indiquant « présence des parents nécessaire auprès de l'enfant » : pensez bien à le faire mentionner par le pédiatre.

Attention ! Les jours pour enfants malades sont mixtes, ne croyez pas les personnes bien intentionnées qui vous assureront que le père ne peut pas les prendre. De même, précisez au pédiatre qu'il doit indiquer sur le certificat « la présence des parents est nécessaire » et non pas « la présence de la mère est nécessaire » (c'est du vécu) afin de permettre aux deux parents de s'absenter du travail alternativement.

À savoir

Votre enfant souffre d'un handicap, d'une grave maladie ou a été victime d'un accident ? Vous pouvez prendre un congé de présence parentale, d'une durée de 14 mois maximum. Renseignez-vous auprès de votre CAF.

Au secours ! La kermesse de fin d'année et le séminaire de votre entreprise tombent le même jour. Que choisir ? Où aller ? Comment ne pas culpabiliser ?

Il est de ces dilemmes que seules les jeunes mamans qui travaillent peuvent comprendre. Fin juin, votre boss a prévu de longue date un séminaire annuel d'entreprise, vous faisant comprendre qu'il est impensable que vous n'y soyez pas. Or, la gentille directrice de l'école vient de vous remettre un carton en papier mâché : la fête de l'école de vos enfants a lieu le même jour ! Comment choisir ?

1. Ne demandez conseil qu'à vous.

« Tu ferais quoi, toi, à ma place ? » : le meilleur moyen de n'avoir que de mauvais avis, partant du principe que les conseilleurs ne sont pas les payeurs. Votre belle-mère lèvera les yeux au ciel, votre meilleure copine maman au foyer épanouie vous dira qu'elle irait à la fête de l'école, et votre collègue working-girl sans enfant ne comprendra même pas que vous vous posiez la question, tant le séminaire est important. Alors interrogez-vous seule et sans témoin, passez toutes les hypothèses en revue : est-ce que ce séminaire est si important ? qu'est-ce qui va s'y décider ? en même temps, comment la fête de l'école va-t-elle se dérouler ? si le papa de vos enfants s'y rend seul, est-ce vraiment un drame ? Vous seule avez ces réponses correspondant à votre cas précis !

2. Faites un choix et tenez bon !

Inutile d'aller à la fête de l'école si c'est pour Blackberriser tout le long de la pêche à la ligne avec votre patron, ou pour crier sur vos enfants parce que vous préféreriez être ailleurs. Idem pour le choix inverse : si vous allez au séminaire, ne faites pas un coup d'éclat et ne vous mettez pas à pleurer en sortant de la salle de réunion : « Mes enfants me maaanquent. » Une fois votre choix fait, expliquez-le posément à tout le monde et n'y revenez pas.

3. Si vous allez au séminaire... et pas à la fête de l'école

Expliquez bien à votre enfant pourquoi vous avez fait ce choix. Dites-lui que maman doit travailler pour gagner de l'argent, et pouvoir lui acheter des jouets, des vêtements... et que c'est aussi important pour sa maman d'avoir sa vie propre, et des choses à raconter aux enfants en rentrant : de même qu'eux vont à l'école, avec leurs amis, leur maîtresse, vous, vous allez au travail avec votre patron, vos collègues, etc. Prenez le temps de leur expliquer, mais ne dramatisez pas non plus. Expliquez-leur que leur papa sera là et que vous exigez de voir toutes les belles photos qu'ils auront prises en s'amusant ensemble ! De retour du séminaire, à vous d'organiser une journée dédiée aux enfants, avec jeux, pique-nique, etc. pour leur montrer que vous aimez passer du temps avec eux.

4. Si vous allez à la fête de l'école... et pas au séminaire

Prenez votre chef de service à part pour lui expliquer. Ne vous excusez pas, ne vous justifiez pas, informez-le simplement. Si le séminaire a lieu en week-end, dites-lui que vous ignoriez qu'il était prévu et que vous avez organisé votre week-end, qu'il n'hésite pas à l'avenir à bien vous préciser à l'avance les dates des prochains événements de ce type. Dites-lui aussi qu'il est impossible pour vous qui n'êtes déjà jamais là à la sortie de l'école de rater en plus la fête annuelle, occasion de rencontrer l'équipe pédagogique. S'il se montre peu réceptif aux arguments d'une maman, empruntez la panoplie de la *business-woman* et dites-lui que c'est un calcul : si vous y allez là, vous ne serez pas obligée d'aller aux prochaines réunions de parents d'élèves ! Ne culpabilisez pas, mais ne culpabilisez pas non plus vos enfants : on évite les phrases du genre « quand je pense que j'ai renoncé au séminaire pour vous... » (déjà entendu lors d'une kermesse).

5. Quel que soit votre choix, il sera mauvais...

... aux yeux de quelqu'un ! Enfant, collègues, parents, belle-famille, époux, il est impossible de contenter tout le monde. Alors faites votre choix en votre âme et conscience, et assumez-le. Surtout, ne vous dites pas que vous allez « le matin au séminaire et l'après-midi à la fête de l'école », c'est le meilleur moyen de tout rater, de passer la journée dans les bouchons ou dans le RER, et de vous faire faire des reproches de partout (« Ah, tu pars déjà ? » au séminaire ; « Ah, tu arrives seulement ? » à la fête de l'école).

Si ça peut vous rassurer, dites-vous que des millions de mamans actives sont en train de se poser le même dilemme en ce moment !

SCÈNE 3
Appelez-moi Maman Shiva

Développer son réseau pro : rien de plus simple quand on est un salarié lambda. On se glisse en *afterwork* au bar du coin avec le boss, on reste tard pour errer dans les couloirs et tomber fortuitement nez à nez avec la DRH, on organise des dimanches au golf, au jockey club, ou en tournée de caves avec les associés de l'entreprise…

COMMENT DÉVELOPPER SON RÉSEAU PROFESSIONNEL EN PARTANT DU BOULOT À 18 H 00 ?

Oui, mais voilà, vous êtes mère :

- le dimanche vous le passez en famille ;
- à l'heure de l'*afterwork*, vous êtes sur le chemin de la crèche, de l'école ou de la nourrice, et rester au bureau au-delà de 19 h 00 vous coûte 120 € de baby-sitter ou une semaine de tronche de votre conjoint (rayez la mention inutile).

Il va falloir vous débrouiller : souriez, *Maman travaille* a déjà fait la moitié du boulot.

« Je n'ai pas de réseau ! » râlez-vous. D'abord, c'est faux. Tout le monde a un réseau. Ensuite, il ne tient qu'à vous de le développer. Même sortie de « nulle part », avec les nouvelles technologies, chacune peut s'entourer.

➔ Le saviez-vous ?

Le Mouvement Mondial des Mères France met en place des « mères relais » formées par leurs soins pour aider les autres mères. Renseignez-vous dans votre région ou sur le site http://mmmfrance.org

Comment créer votre propre réseau en 14 leçons

Votre réseau personnel est composé de toutes les personnes que vous connaissez : amis, voisins, parents de l'école, ex-collègues, ex-patrons, personnes recrutées ou recommandées, ex-concurrents de concours ou d'entretien d'embauche, pourquoi pas votre famille… bref, ça en fait du monde.

Attention, se construire un réseau prend du temps… mais c'est du temps bien investi !

Voici donc comment l'agrandir :

1. Si vous êtes allée à l'université, en BTS, en école de commerce ou d'ingénieur… vous avez forcément un BDE ou un annuaire des anciens. Commencez par là. Contactez les personnes de votre promotion et prenez de leurs nouvelles. Peut-être cherchent-ils justement à recruter…
2. Si vous n'avez pas dépassé le lycée, inscrivez-vous à l'association des anciens élèves, rendez-vous aux soirées, envoyez votre CV au lycée pour proposer de faire des interventions aux journées des métiers… Cherchez les anciens élèves sur les sites spécialisés (Copains d'avant, Facebook ou Trombi) et dites-leur que vous lancez un club des « pros de la comm', anciens du lycée Bidule ».
3. Rejoignez les groupes liés à votre secteur d'activité sur Facebook, LinkedIn ou Viadeo.
4. Proposez vos contributions aux sites participatifs. L'idée : être identifiée comme fidèle.
5. Organisez des micro-événements. *Le déjeuner des femmes dans la finance*, L'*afterwork du marketing*, etc. Invitez vos collègues, ou à défaut, envoyez des invitations à des personnes que vous admirez. Choisissez un thème, un intervenant, et précisez que chacun paye son repas.
6. Rendez-vous aux conférences liées à votre secteur d'activité, avec des cartes de visites… Envoyez un mail aux conférenciers pour les remercier.
7. Félicitez les gens dont vous apprenez la nomination par la presse, sur le web ou par le bouche-à-oreille. Un mail ou une petite carte venant d'une « admiratrice » pro fait toujours plaisir.

8. Écrivez à vos idoles ! Dites-leur que vous appréciez leur travail et que vous aimeriez les rencontrer pour en apprendre plus sur eux.
9. Dès qu'on vous propose un entretien d'embauche, même pour un poste qui ne vous dit pas, allez-y : ce sera l'occasion de rencontrer des personnes de votre secteur.
10. Proposez à vos interlocuteurs de boire un café ou d'aller déjeuner ensemble : on se souvient mieux des personnes qu'on a vraiment rencontrées plutôt que de celles avec qui on échange deux mails par an.
11. Ayez toujours des cartes de visite sur vous, on ne sait jamais : chez le pédiatre, chez le coiffeur, dans la rue, dans le bus, vous pouvez tomber sur la personne qui fera la différence.
12. Rappelez vos anciens patrons. Des années après, ils seront sans doute curieux de savoir ce que vous devenez. Prenez n'importe quel prétexte (Nouvel An, Noël, anniversaire, élections, naissance, article de presse...) pour leur envoyer un petit mot. Faites de même avec vos anciens collègues. À eux seuls, ils sont un réseau.
13. Sympathisez avec vos concurrents. Pendant un concours, un entretien d'évaluation... faites connaissance et échangez vos coordonnées, vous êtes là parce que vous avez des profils similaires, et, dans ce monde, mieux vaut avoir des amis que des ennemis.
14. Fréquentez les endroits répertoriés comme QG de votre domaine d'activité : en face de l'Assemblée nationale si vous travaillez dans la politique, au Publicis Drugstore si vous êtes dans la communication, au Club de la Presse si vous évoluez dans les médias, à La Cantine si votre secteur a trait aux nouvelles technologies... rien n'est plus convaincant que le hasard, même s'il n'est pas réellement fortuit.

Attention ! Ce n'est pas une fois au chômage que vous devrez commencer à réseauter. Le réseau, c'est comme l'assurance maladie : quand on est en bonne santé, on se demande pourquoi on cotise et une fois malade, on est bien contente d'avoir cotisé. Entretenez votre réseau tant que vous êtes en poste ou au top, ça vous servira à un moment ou à un autre. Rendez service tant que vous pouvez. Comme dit Vito Corleone dans *Le Parrain* : « *Un jour, je te demanderai un service en retour... peut-être que ce jour n'arrivera jamais...* »

Le point sur mon réseau

Prenez un crayon et remplissez le tableau ci-dessous. À mesure que vous le compléterez, de nouveaux noms vous viendront en tête. Si vous n'avez pas de « prétexte » pour prendre ou reprendre contact avec ces personnes, prenez tout simplement de leurs nouvelles ou donnez des vôtres. Vous les retrouverez facilement sur Facebook ou LinkedIn ; voire tout simplement dans un bon vieil annuaire. Plutôt qu'un coup de téléphone qui peut tomber au moment inopportun, privilégiez l'écrit.

Vous êtes maman, vous avez un prétexte en or pour les contacter ! Voici un exemple de petit mot à leur envoyer :

« Bonjour Isabelle,

Ravie de vous/te retrouver sur LinkedIn (ou Facebook).

Depuis notre dernière rencontre, j'ai eu un petit garçon. Je suis en poste depuis trois ans chez [XXX] et je suis aujourd'hui en veille active.

Et vous, que faites-vous en ce moment ? Au plaisir de vous rencontrer lors de [complétez avec un alibi, une soirée d'un réseau auquel vous appartenez toutes deux, une rencontre de votre domaine d'activité, ou provoquez un rendez-vous pour un motif quelconque : interview pour votre blog, recommandation d'un candidat que vous recrutez, demande d'un conseil...]

Cela me ferait très plaisir d'avoir de vos nouvelles.

Cordialement, »

L'idée est simplement de faire passer quelques points primordiaux :

1. vous êtes sincèrement content d'échanger avec la personne ;
2. vous êtes actif ;
3. vous cherchez un travail ;
4. vous serez amené à vous recroiser et pourrez vous-même aider cette personne.

À vous de jouer...

Vous cherchez un réseau féminin ? Ils sont tous répertoriés en annuaire sur le site www.interdit-aux-hommes.net

Qui ?	**Mail, téléphone**	**Fonction actuelle**	**Notre dernière rencontre**	**Notre prochain RDV**
Mon ex-collègue				
Mon ex-manager				
Une camarade de diplôme				
Un prof de fac ou d'IUT, d'école...				
Un membre de ma famille qui travaille dans mon secteur				
Mon client, prestataire, fournisseur, etc.				
Un parent d'élève qui travaille dans mon secteur				
Un journaliste spécialiste de mon domaine pro				

quiz

SAVEZ-VOUS « RÉSEAUTER » ?

1. Vous êtes élue ou gagnez un prix ou un concours pro :

a. Vous rappelez tous les membres du jury pour les remercier.

b. Vous rentrez chez vous dès que le prix est remis.

c. Vous n'êtes pas venue au concours, il y avait le dernier *Desperate Housewives* à la télé.

2. À une soirée réseau, vous repérez quelqu'un que vous connaissez :

a. Vous allez prendre de ses nouvelles dès qu'il termine sa conversation.

b. Vous l'ignorez : il/elle est déjà occupé(e), mais vous lui adressez un mail dès votre retour chez vous pour lui faire signe.

c. Vous n'arrivez pas à vous souvenir de son nom, vous n'allez pas lui parler.

3. On vous propose de passer un entretien d'embauche pour un poste qui ne vous plaît pas, mais dans votre secteur de prédilection :

a. Vous déclinez, vous n'avez pas le temps de passer des entretiens pour rien.

b. Vous y allez tout de même pour voir, mais comme ça ne vous plaît pas, vous jouez le jeu sans conviction et ne rappelez personne.

c. Vous y allez, passez l'entretien à fond et donnez rapidement une réponse négative en motivant votre refus. En revanche, vous êtes repartie avec les cartes de visite de tous les N+1 de la boîte et leur faites savoir quel type de poste vous visez. Dès qu'une opportunité se présentera, ils vous contacteront.

4. **La femme d'un ex-collègue vous demande de la coopter dans votre entreprise :**
a. Vous refusez, vous ne la connaissez pas bien, elle est peut-être folle dangereuse après tout, et puis lui n'a jamais rien fait pour vous, et en plus elle est aussi aimable qu'une porte de prison, bref c'est non.
b. Vous acceptez sans hésiter et dites même à votre boss qu'elle est mieux que vous pour votre poste !
c. Vous acceptez, ça vous fera une alliée dans la place, à charge de revanche...

5. **Dans un endroit inattendu (supermarché, opéra, fête de la Bière...), vous croisez votre ancien patron :**
a. Vous n'allez pas lui parler, il veut sans doute être tranquille.
b. Vous criez son surnom et lui donnez une grosse tape dans le dos. Vous vous empressez de prendre des nouvelles de sa femme pendant qu'il vous présente Caroline, sa +1 de la soirée, qui ignorait qu'il fut marié.
c. Vous lui souriez en lui rappelant brièvement qui vous êtes, saluez sa +1 d'un signe de tête, et partez en disant que vous aimeriez bien le recroiser à l'occasion. Vous avez évidemment échangé vos cartes de visite pendant que vous parliez.

6. Rentrée des classes. Une jeune mère vous dit, pour faire la conversation, qu'elle est graphiste free-lance. Que lui répondez-vous ?

a. Vous vous en fichez royalement, vous, vous êtes comptable et de toute façon vos enfants ne sont pas dans la même classe. Vous répondez « Hmm, moi je suis comptable. »

b. Vous êtes contente que quelqu'un vous parle : « Ah, et c'est bien ? J'aurais rêvé de faire ça ! Je suis comptable. »

c. « Graphiste ? C'est super, avez-vous une carte de visite ? Il se peut que ma directrice artistique en cherche une... » Le jour où quelqu'un cherchera effectivement une graphiste, vous saurez qui lui conseiller. En attendant, ça vous fait une personne de plus dans votre carnet d'adresses !

RÉSULTATS

Vous avez une majorité de a

Réseauter n'est pas votre point fort, c'est le moins qu'on puisse dire. Les soirées pince-fesses, les sourires hypocrites, vous abhorrez ! Vous avez raison de vouloir rester nature dans vos relations avec les autres.

Conseil : si vous êtes timide, profitez des nouvelles technologies pour réseauter. Commencez par rejoindre le groupe *Maman travaille* par exemple...

Vous avez une majorité de b

Vous avez un réseau intéressant, mais le savez-vous seulement ? N'hésitez pas à l'entretenir. Vous avez sûrement du mal à vous lancer, mais sachez que votre maladresse peut passer pour de l'indifférence ou pire, du mépris.

Conseil : alors ravalez votre fierté, accrochez un sourire à votre visage et tendez des cartes de visite.

Vous avez une majorité de c

Bravo, Miss Réseau, c'est vous ! Tout le monde sait où vous trouver et vous êtes LA personne à contacter quand on veut pénétrer votre milieu pro.

Conseil : détendez-vous. Si vous ratez une conférence ou un séminaire ou que vous passez une soirée « improductive » entre amis (dont aucun ne travaille dans votre secteur), est-ce si grave ?

COMMENT MAÎTRISER SES APPARITIONS SUR INTERNET ?

Dans votre position, il s'agit d'être associée à la recherche « femme d'affaires du mois » et pas à « photo-bébé-pot ».

Que faire de votre profil Facebook ? Photos, attention danger : les « amis » qui mettent en ligne des photos de vous endormie avec des frites dans le nez, ou en pleine séance shopping le jour de l'ouverture des soldes alors que vous aviez dit avoir la grippe... Voici quelques conseils pour gérer votre e-réputation.

Nicolas Catard a réussi ce que nombre de chômeurs rêvent de faire : un buzz lui permettant d'être recruté en 10 jours. Chez lui, il a composé et écrit une chanson qu'il a ensuite enregistrée. Son tube, *Je suis un excellent chef de projet*, lui permet de passer sur toutes les chaînes hertziennes, en radio, et de faire le tour du Web. Depuis, nombreux sont les candidats à façonner un CV vidéo maison. Nicolas Catard est aujourd'hui interpellé dans la rue, et courtisé par de nombreuses entreprises. Les spécialistes du recrutement restent prudents : « *Après ce CV vidéo, vous ne serez plus jamais anonyme. Il faut vraiment mesurer l'impact que ça peut avoir. Je reçois régulièrement des messages d'auteures de CV vidéos qui regrettent de l'avoir mis en ligne : elles se retrouvent avec des articles intitulés Le pire CV vidéo du monde, ou des horreurs sur leur compte.* » Sur Internet, on ne maîtrise pas et on n'a aucun contrôle sur ce qui se dit.

L'expérience de Charlotte, mère de Chloé (6 mois) et responsable export dans un domaine viticole

« Je me suis aperçue que si quelqu'un tapait mon nom, il arrivait sur mon profil Facebook en 1, ma page sur un concours de photos de bébés en 2, et ma petite annonce pour la vente d'une chaise-haute en 3... Le pire ? C'est un fournisseur qui me l'a signalé. Depuis j'ai rempli mes fiches Viadeo et LinkedIn, et commenté des blogs sur la viticulture avec mon nom. »

Quand vous intervenez sur un sujet non professionnel (la conversation « Mon mari me trompe, que faire ? » sur Aufeminin, « Moi aussi j'ai eu des hémorroïdes pendant la grossesse » sur Magicmaman ou « J'en peux plus de mon bébé » dans la rubrique « baby blues-dépression » sur

Doctissimo), prenez un pseudonyme sans rapport avec votre vrai prénom, pour qu'on ne vous reconnaisse pas. Pensez aussi à votre mail d'inscription : il apparaît parfois en ligne et peut ressortir lors d'une recherche sur votre nom. Mais le meilleur moyen de bien vous référencer et d'être présente de façon pertinente reste un blog pro !

➔ LES EXPERTS MAMAN TRAVAILLE

Comment créer un blog pro efficace et intéressant ?

La réponse de l'expert : Corinne Dillenseger, journaliste et blogueuse (Toutpourelles.fr), rédactrice en chef de Maviepro.fr

« Pour animer un blog pro, la sincérité est la clé. Il ne faut pas prendre les lecteurs pour des imbéciles. L'erreur fatale, c'est par exemple de croire qu'on a la science infuse ou trop se prendre au sérieux. Il ne faut pas non plus négliger l'aspect technique : si c'était à refaire, je passerais plus de temps à choisir ma plateforme de blog pour éviter d'en changer en cours de route... Le site dont je suis rédactrice en chef est aujourd'hui le rendez-vous des femmes actives. »

COMMENT TRANSFORMER SES COLLÈGUES EN COPINES ? (ET NE PAS LES HARCELER AVEC LES PHOTOS DE BIBOUCHOU)

Créer des liens quand on est maman, c'est difficile : on manque terriblement de temps. De refus de soirée pour cause de crèche fermant à 18 h 30 en annulation de week-end pour cause de varicelle, même les plus téméraires de vos candidates-copines pourront être échaudées. Alors comment devenir la plus sympa des collègues, ambiance « reine du bal de promo » avec qui tout le monde veut prendre sa pause-café ?

Le meilleur moyen de sembler s'intéresser aux gens, c'est de réellement s'y intéresser. Quand on vous raconte une anecdote (« mon fils fait ses dents », « mon voisin est canon », « j'espère avoir une promotion »), écoutez vraiment, c'est la base de toute relation sociale.

Adoptez une écoute proactive : levez les sourcils en signe d'intérêt, tout en hochant la tête comme pour faire « oui, oui ». Regardez bien, c'est ce que font les animatrices de télévision quand elles écoutent parler les témoins et les invités en plateau. Cette mimique symbolise l'écoute, l'empathie, l'encouragement à la confidence.

Ne croisez pas les bras (signe de défense) et gardez une distance d'1 mètre environ entre votre interlocuteur et vous. Ne le touchez que si vous êtes plus de deux dans la pièce. Quand vous parlez d'une personne absente, ne mentionnez pas son nom de famille, vérifiez bien qu'il n'y ait personne derrière vous avant de médire (ou mieux : ne médisez pas !).

Pour poursuivre la conversation, terminez vos phrases par une relance :

- Comment ça se fait ?
- Qu'en penses-tu ?
- Je ne sais pas si tu as vécu ça.
- Que ferais-tu à ma place ?

➜ Le saviez-vous ?

20 % de nos amis sont issus de la sphère professionnelle.

(Source : INSEE, 2011)

Notez sur votre agenda les anniversaires de vos collègues, mais aussi ceux de leurs enfants, leur fête (reportez-vous au calendrier) et les événements majeurs qu'elles mentionnent (mariage, échographie, promotion, déménagement…). Le jour J, envoyez-leur un message de soutien ou de félicitations. À défaut, quelques jours après prenez de leurs nouvelles en mentionnant l'événement.

Un petit cadeau entretient l'amitié, dit l'adage. Ne pensez pas forcément cuillère en argent, mais apportez le DivX d'un film dont vous avez parlé la veille, achetez un magazine avec un article sur le sujet qui intéresse votre collègue… De même, pour vous intégrer rien ne vaut un peu de nourriture : apportez des croissants le jour de votre fête, préparez vous-même des spécialités de votre région à déguster un vendredi, partagez vos recettes, faites le tour du bureau pour proposer des bonbons...

Invitez des collègues hors du travail. On peut considérer être passé de « collègue » à « copine » quand les rencontres ont lieu en dehors du cadre du travail. Les week-ends prolongés et autres ponts se prêtent bien au test (séminaire, soirée organisée par votre employeur, *afterwork*). Vivre des choses ensemble crée des liens. Si vous n'avez pas envie de faire votre coming-out tout de suite et de dévoiler à une inconnue vos vinyles collector d'Annie Cordy, votre chat bipolaire et vos enfants hyperactifs, proposez-lui de boire un verre dehors en après-midi.

Attention ! Pour la première visite d'une collègue à la maison : briefez votre compagnon. Si vous travaillez dans le même secteur, prévoyez un dîner en couple. Si vos métiers sont trop différents et qu'en plus il est timide, suggérez-lui de faire une promenade au parc. Votre collègue et vous pouvez aussi – peut-être – faire l'effort de trouver des sujets de conversation autres que les potins des couloirs...

L'expérience de Charline, commerciale, 1 enfant

« Quand j'ai déménagé, je comptais beaucoup sur l'école de mon bout de chou pour rencontrer de nouveaux amis. Mais en fait personne ne se parlait pour dire autre chose que des banalités ! Contre toute attente, j'ai plutôt sympathisé avec ma manager. C'était il y a 4 ans et depuis j'ai changé de poste, mais nous sommes toujours amies. J'ai même été témoin à son mariage ! »

Jeune maman, comment s'intégrer dans une équipe 100 % masculine ?

Si, dans certains métiers (la comm', la petite enfance, l'esthétique...) on a peu de chance d'avoir des collègues masculins, certains autres secteurs sentent la testostérone à plein nez. Aussi, arriver au milieu d'une équipe de mâles peut s'avérer difficile.

Ne couchez pas (pas tout de suite). Les réputations se font et se défont très vite. Si vous voulez qu'on dise *« Ah, la nouvelle, demande à Mat il se la fait et elle est bonne* », allez-y : foncez. Si vous préférez qu'on dise « *Ah, la nouvelle, demande à Mat, elle fait son dossier et elle est bonne* », retenez-vous.

Ne surjouez pas les féministes. Vous avez des convictions, c'est bien. Mais ne commencez pas à faire l'intégriste et la « défenseuse » officielle de la cause internationale des femmes à tout va. L'équipe de lourds a affiché un calendrier Clara Morgane ? Laissez-le, mais octroyez-vous le droit d'afficher aussi le vôtre : petits bébés dans des pots de fleurs, rugbymen du Stade français, votre homme déguisé en Père-Noël sexy...

Ne vous transformez pas en routier (avec tout le respect dû aux routiers, un métier très difficile). Évitez de cracher, de participer aux concours dégradants, d'aller aux toilettes la porte ouverte, de vous moucher dans votre manche, de crier « *Oh putain je la kiffe trop Laurence Ferrari* ». Ce serait ridicule et on risque de ne pas vous prendre au sérieux.

Ne saoulez pas vos collègues masculins avec vos enfants. Une femme a toujours envie d'écouter le récit de votre accouchement, ou des derniers progrès de Bijounette. « *Elle dit "assa" quand elle a soif, c'est si trognon-choubidou, non ?* » Ça, évitez. De même que le « *Et là, la péri' ne faisait plus d'effet, donc l'obstétricienne a crié "vite les forceps" et c'est à ce moment que j'ai vomi en me vidant de tout mon sang.* » Sauf si vous voulez qu'ils n'osent plus jamais vous adresser la parole, de peur que vous leur brandissiez des photos de placenta.

SCÈNE 4
Parlons cash !

L'argent est peut-être un sujet tabou en France, mais votre banquier, lui, ne se gêne pas pour vous en parler. Entre les factures de crèche et de couches, une augmentation serait la bienvenue ! À moins que vous n'envisagiez une carrière de bénévole, il vous faudra vous aussi apprendre ce langage...

BÉBÉ, SI J'ÉTAIS RICHE...

Le principal obstacle rencontré par les femmes dans la gestion de leur salaire : les préjugés. Maria Gomez, assistante trilingue et mère de Suzie et Merlin, se souvient : « *Quand j'ai demandé un salaire de 35 000 € par an, le chargé de recrutement m'a regardée un peu interloqué et m'a dit : "mais, votre mari travaille, c'est un deuxième salaire. Vous n'en avez pas vraiment besoin !", comme si c'était un passe-temps. Je lui ai répondu que je n'étais pas bénévole et que puisque sa femme à lui travaillait, on pouvait baisser son salaire.* »

Cette phrase de Jean Rigaud semble ancrée dans les esprits : « *Je me demande pourquoi les femmes ont tant besoin d'argent : elles ne boivent pas, ne jouent pas aux cartes et... n'ont pas de femme !* » Pour cause : les femmes n'ont le droit d'exercer une profession et d'ouvrir un compte en banque sans l'autorisation de leur mari que depuis 1965 ![5]

➜ Le saviez-vous ?

Dans certaines branches, avoir des enfants vous ouvrira droit à une augmentation. Dans l'enseignement, le barème augmente de 0.25 point par enfant et rend les demandes (mutations, postes) prioritaires.

Je gagne plus que mon homme, est-ce un problème ?

Oui et non : tout dépend de la façon dont votre couple est construit. Avant tout, sachez que c'est une situation courante : dans plus de 35 % des couples américains, la femme gagne plus que l'homme. Cela ne doit pas être un problème pour le couple : tout d'abord, il est possible d'avoir un compte commun et en parallèle des comptes séparés pour les « extras ». L'homme ne doit pas en faire le reproche à sa femme : directement ou indirectement, il bénéficiera de l'argent gagné par elle. Ça peut être un problème pour la femme si elle a l'impression d'entretenir son mari.

---

5. http://www.planning-familial.org/themes/theme14-histoireFemmes/fiche01Precision03.php

Toutefois 78 % des hommes qui gagnent mal leur vie souffrent de dépression.[6] Dans notre société, l'image de la virilité est malheureusement toujours associée à l'argent, aux montres, aux grosses voitures... N'hésitez pas à montrer à votre compagnon qu'il n'a pas besoin de ça et qu'il est suffisamment viril pour ne pas avoir besoin de palliatifs monétaires : chantez ses louanges en matière de bricolage, de lecture de cartes routières, de soutien psychologique, de paternité active, de prouesses sexuelles, etc. Ce n'est pas non plus parce que vous gagnez plus que vous devez le prendre en charge. Participez à hauteur de vos revenus au loyer, aux courses, aux frais de garde, c'est normal. En revanche, payer ses impôts, ses amendes, ses cigarettes ou ses loisirs perso, c'est hors de question.

En pratique, l'idéal est d'avoir au minimum chacun un compte personnel (pour les cadeaux, les dépenses perso, les déjeuners) et un compte en commun (pour le loyer, les remboursements, l'assurance, les frais concernant les enfants, etc.). Alimentez le compte commun depuis vos deux comptes individuels à hauteur de vos revenus. Si l'un gagne 1 200 € et l'autre 3 000 €, il est ridicule d'y déposer la même somme. Le Code civil prévoit d'ailleurs que les époux contribuent « à hauteur de leurs revenus ».

N'oubliez pas de le consulter pour les gros achats, celui qui gagne plus n'a pas forcément raison. Dernier point, évitez les cadeaux trop chers qui pourraient être perçus comme une insulte : il ne pourra pas vous rendre la pareille.

COMMENT DEMANDER (ET OBTENIR) UNE AUGMENTATION ?

À suivre : choisir le meilleur moment, évaluer son tarif, travailler moins pour gagner plus, décrocher une promotion méritée, annoncer votre augmentation à vos collègues au salaire gelé, parler argent avec les copines mères au foyer...

6. Étude Psychologies Magazine, 2011.

10 règles d'or pour parler d'argent au travail :

1. Tout comme on ne couche pas au premier rendez-vous, on ne parle pas salaire au premier entretien d'embauche.
2. On négocie toujours un salaire en brut, pas en net (environ 20 % de différence, on multiplie par 0.8 pour avoir le net) en cas de doute, on se fait préciser.
3. On ne demande pas « *Je suis payée quand ?* » Vous vous doutez que vous serez payée à la fin du mois. Si ce n'est pas le cas, posez la question une seule fois, au service paie, pas à l'intégralité de l'openspace.
4. On ne frime pas en cas de prime, de même qu'on ne sort pas du bureau du boss en criant victoire surtout quand les collègues stagnent.
5. Inversement, on reste sport et on ne boycotte pas un ou une collègue qui a bien su négocier son salaire.
6. Si on est à son compte, avant d'accepter de baisser ses prix, on calcule le coût des charges et des impôts, au risque de travailler à perte.
7. Pour faire « pro », on parle en k€ et en salaire annuel. Exemple : 40 k€ = 40 000 € par an.
8. Avant de diviser par 12 pour obtenir le salaire mensuel, on demande si on est rémunéré sur 12, 13 ou 14 mois, et si les primes sont incluses. Cela peut varier du simple au double sur le résultat final !
9. On ne demande pas « *Combien tu touches ?* » à ses collègues. C'est indiscret.
10. On ne crie pas « *Moi, avec le salaire de mon mari, je n'ai pas vraiment besoin d'un boulot* », sinon on ne s'étonne pas de ne pas avoir d'augmentation.

Comment demander une augmentation en 3 étapes

Étape 1 : Êtes-vous bien payée ?

Renseignez-vous sur les prix du marché en faisant des simulations sur l'Argus des salaires, en regardant les salaires des offres d'emploi...

Le salaire moyen de ma profession : ....

Le salaire maximum avec mon expérience : ....

Mon salaire il y a 3 ans : ....

Mon salaire actuel : ....

Le salaire que je demande : ....

Le montant auquel je dis « banco » : ....

Étape 2 : Ne soyez pas la première à donner un chiffre

Comme le savent bien tous les commerciaux du monde, le premier qui indique un chiffre a perdu. Vous avez indiqué votre souhait d'obtenir une augmentation ou d'être mieux payé, maintenant laissez votre interlocuteur prendre la parole. Mais surtout n'oubliez pas : on parle en k€ brut annuel, pas en euros nets mensuels. Votre employeur a peut-être l'habitude de se baser sur une grille de salaires : dans ce cas, étudiez bien les critères de cette grille et montrez-lui que vous y correspondez. « *Vous pouvez espérer en moyenne 10 % d'augmentation par an. Au-delà de 15 %, estimez-vous heureux* », affirme un consultant de cabinet d'audit. Un calcul qui nous paraît très optimiste : une étude « tendances salaires » du Cabinet ECA indiquait une augmentation de salaire moyenne de 2,7 % en France en 2010. Mais attention aux « fausses augmentations » : si vous passez d'employé à cadre, votre taux de cotisations sera plus important. Une augmentation de 5 % de votre salaire peut servir intégralement à payer les charges salariales : faites plusieurs simulations avant d'accepter un chiffre.

Étape 3 : Ne faites pas de chantage

La vieille technique du « *On m'a fait une meilleure offre ailleurs* » est éculée. Que ce soit vrai ou faux, vous prenez le risque que votre employeur vous lance un « *On ne vous retient pas, je ne peux pas m'aligner sur cette offre...* » et vous serez bien ennuyée.

« Y'a pas de budget... »

En période de crise économique, il est probable que votre patron vous réponde : « *j'voudrais bien, mais j'peux point* ». Là, restez calme. On évite de se la jouer façon Anelka et d'insulter le patron, sous peine de subir le même sort que le joueur, et de rentrer chez soi *manu militari*. On s'abstient aussi du couplet de *Lutte finale*, sur le mode « *mais les actionnaires ont touché des primes...* ». On ne refera pas le monde en 12 minutes ; si vous êtes révoltée et pensez que l'argent du capital doit être réparti entre les travailleurs, syndiquez-vous. En attendant, revenons à votre cas personnel. OK, il n'y a pas de budget. Donc pas d'augmentation. Mais...

Cas n° 1 : une prime

Pourquoi ça vous intéresse : parce que c'est ça ou rien, et qu'une prime peut vous permettre de payer vos impôts / un sac à main / trois mois de baby-sitting...

Votre argumentaire : d'accord, dans la conjoncture actuelle, vous engager sur une durée indéterminée d'augmentation serait risqué. Dans ce cas, pour marquer votre reconnaissance à l'égard de mon travail, une prime exceptionnelle...

Pourquoi votre boss peut dire oui : les primes sont souvent défiscalisées.

Cas n° 2 : une promotion

Pourquoi ça vous intéresse : si votre employeur est fauché, il est peut-être temps pour vous d'aller voir ailleurs. La promotion sur le papier ne rapporte pas un centime à court terme, mais permet de se vendre à l'extérieur.

Votre argumentaire : si je vous suis bien, vous appréciez mon travail mais n'avez pas de budget ? Une promotion serait une belle récompense. Je pourrais passer d'assistante à chargée de dossier, de chargée de dossiers à responsable, de responsable à directrice...

Pourquoi votre boss peut dire oui : parce que c'est gratuit !

Cas n° 3 : des avantages en nature

Pourquoi ça vous intéresse : pour arrêter de tourner 2 heures avant de vous garer (place de parking), pour avoir un mode de garde (place en crèche d'entreprise), pour arrêter de payer l'essence (notes de frais), pour aller chez le dentiste (mutuelle), etc.

Votre argumentaire : ces avantages vous soulageront dans votre quotidien. Avec, vous arriverez plus tôt, partirez plus tard, serez plus concentrée...

Pourquoi votre boss peut dire oui : **parce qu'il a peut-être justement une enveloppe « frais » à partager entre son équipe, et que la première à demander sera la première servie.**

Attention ! **Parler argent avec les mères au foyer est délicat. Vous avez sûrement des copines qui, elles, ont décidé d'arrêter de travailler. Qu'elles passent leurs journées au spa ou qu'elles les passent à balayer la maison (ou une réalité quelque part entre celles-là), évitez de vous vanter de votre augmentation ou de votre indépendance financière devant elles, cela pourrait ruiner même les plus solides amitiés.**

Le truc de Mélissa, 35 ans, comptable paie, maman de Théa et de Mia

« Pour savoir si je suis bien payée, je compare plusieurs sources : les paies de mes collègues d'abord, ensuite je regarde les salaires annoncés sur les offres d'emploi de mon secteur, enfin je vais sur Internet faire des simulations sur des sites comme salaire-mensuel.com, suis-je-bien-paye.fr, salairesonline.com, juritravail.com/salaires et je fais une moyenne de tout ça. »

L'expérience de Julie, chef d'équipe recrutement à Paris, 1 enfant

« Je suis identifiée comme «évolutive» sur un poste cadre depuis 2 ans et suis toujours au même poste. Les opportunités dans mon secteur d'activité riment souvent avec une amplitude horaire très importante... La dernière fois, j'ai indiqué que ma fille était en crèche et que je ne pouvais pas la déposer avant 7 h 45 et donc pas être au travail avant 8 h 00. Résultat ? Je n'ai pas eu le poste ! Mais on vient de m'en proposer un autre, avec des horaires plus adaptés... »

LES PETITS POTS, ÇA PASSE EN NOTE DE FRAIS ? NON ?

Inviter ses amies à des déjeuners d'affaires, emprunter la voiture de la société pour une escapade RTT, se faire rembourser un séminaire en thalasso, pourquoi pas ? Mais comment justifier de grosses notes de frais, comment limiter ses remboursements en période de rigueur ? Où placer la limite entre avantage en nature et abus de bien social ?

Déjeuner de boulot, j'invite ou pas ?

- Avec une copine qui travaille chez le fournisseur de matériel : oui ! Avec votre amoureux, ou votre copine historienne de l'art quand ça n'a aucun rapport avec votre domaine d'activité : non.
- La tradition veut que le fournisseur invite. Mais si votre fournisseur vous convie plus d'une fois par mois, payez aussi de temps en temps. Si vous êtes client, faites au moins mine de sortir votre carte bleue. Certains hommes « à l'ancienne » ne supportent pas de se faire payer un restaurant : n'insistez pas, vous n'êtes pas là pour un débat sur les inégalités hommes-femmes, laissez-vous inviter.
- Avant d'inviter vos 17 clients, demandez l'autorisation à votre service compta : ce serait dommage de ne jamais se faire rembourser...

➔ Insolite

Le mari d'une élue allemande avait fait passer sur les notes de frais de son épouse ses locations de films X ! Ne faites pas comme lui, ne passez pas vos sex-toys sur les notes de frais de Monsieur.

- Traditionnellement, celui qui invite décide du lieu. Si vous choisissez, optez pour un restaurant moyenne gamme, bannissez les chaînes, fast-foods ou buffets trop « cheap » et à l'inverse oubliez les Tour d'Argent et Robuchon : c'est un déjeuner de travail, pas la semaine de la gastronomie. Ruiner votre petite entreprise pour un repas avalé en vitesse n'est pas un bon calcul.
- Si mon invité(e) est venu avec ses enfants, je les invite aussi.

Attention ! Si vous êtes entrepreneuse, vous pouvez vous rembourser une partie de vos frais. Le montant sera déduit de votre chiffre d'affaires et vous fera baisser vos impôts, voire peut-être descendre d'une tranche d'imposition. Auto-entrepreneuse, vous n'avez pas la possibilité de vous faire rembourser vos frais. Dans certains cas, il est possible d'être remboursée d'une partie de votre loyer. Renseignez-vous !

Pourquoi vous octroie-t-on des notes de frais ? Parce que les notes de frais sont défiscalisées et font baisser la somme de TVA collectée à reverser à l'État. Mais attention à ne pas en abuser : tout remboursement doit être basé sur un justificatif, avec la TVA apparente. Si vous vous posez la question pour certains frais (on vous rembourse un sac Louis Vuitton en frais de représentation, vos billets d'avion pour les vacances), vérifiez auprès d'un expert-comptable ou d'un commissaire aux comptes.

LES MAMANS VEULENT DES PRIVILÈGES

Comment profiter de son CE, ou en installer un ? Tous les arguments pour avoir une place de parking à vie, se faire attribuer un assistant (canon de préférence)...

Travailler moins pour gagner pareil ? Pendant toute la durée de la grossesse, une salariée enceinte bénéficie d'autorisations d'absence pour effectuer les contrôles médicaux obligatoires. Ces absences sont considérées comme du temps de travail effectif.

Certaines conventions collectives prévoient également des allégements d'horaires ou des temps de pause. Renseignez-vous en téléchargeant votre convention collective gratuitement sur http://www.juritravail.com/convention-collective.html, ou en la demandant auprès du CE qui doit en tenir un exemplaire à la disposition du personnel.

➔ Astuce

Il n'y a pas de comité d'entreprise dans votre société ? Proposez à votre DRH d'adhérer à Canal CE, une sorte de coopérative des CE.

➔ Le saviez-vous ?

Enceinte, vous pouvez demander une mutation temporaire à un poste de travail moins pénible, ou plus compatible avec votre grossesse. Si votre employeur s'y oppose, le médecin du travail tranchera. En outre, il est strictement interdit pour une femme enceinte de porter des charges lourdes (caisses de bouteilles, palettes, cartons, piles de livres...) ou de travailler après 22 h 00, ou à une température inférieure à 0 °C.

Vrai / Faux : Une femme enceinte ne peut pas être licenciée.

VRAI... Si votre employeur vous a notifié votre licenciement, l'envoi simple d'un certificat de grossesse délivré par un médecin suffit à l'annuler de plein droit.
...et FAUX ! En revanche, en cas de faute grave non liée à la grossesse (vol, violences sur le lieu de travail...) ou de licenciement économique lié à la situation de l'entreprise, une femme enceinte peut se faire licencier.

Certains employeurs savent parfaitement gérer leurs femmes enceintes ou leurs jeunes mamans, et leur accorder de menus privilèges. Quand Nathalie Kosciusko-Morizet accouche de son deuxième enfant, alors en poste au secrétariat à l'Économie numérique, elle obtient du Premier ministre l'autorisation de travailler de chez elle les premiers temps. Avant elle, Ségolène Royal avait eu le même traitement. Les scénaristes de *Desperate Housewives* ont aménagé le scénario et le plateau spécialement pour la grossesse de Marcia Cross et quand Katie Holmes participe à un film, une caravane est prévue pour sa fille, lui évitant de se préoccuper de son mode de garde. À chaque grossesse des actrices de *Sous le Soleil* (Adeline Blondieau, Tonya Kinziger et Bénédicte Delmas), la production intégrait leur maternité dans le scénario et aménageait spécialement les temps de tournages. Des exemples à suivre...

SCÈNE 5
Mère et dirigeante

Comment être une chef respectée sans devenir une mégère détestée? Comment rester «la plus douce des mamans» tout en aboyant comme un rottweiler affamé sur un fournisseur en retard? Comment protéger ses idées, recruter et manager une équipe, et ne pas se faire piquer sa place?

MAMAN-EN-CHEF

→ Le saviez-vous ?

Une étude menée en 2007 démontre que les entreprises ayant plus de trois femmes dans leur conseil d'administration surperforment par rapport à celles 100 % masculines.

(Source : Catalyst, 2007)

Paradoxalement, plus les mères actives sont bien payées, moins elles envisagent de travailler à temps partiel.[7] Et ce n'est pas non plus parce qu'un mari gagne bien sa vie que son épouse envisage un temps partiel. Ces éléments donnent à penser que, au-delà de l'aspect pécuniaire, les mères investissent le travail de bien d'autres missions. Et surtout, elles ne sont pas prêtes à renoncer à leur évolution.

« *Travailler à mi-temps ou avoir mes mercredis, c'est séduisant* », avoue Christelle, 31 ans, maman de Siloé. Mais pas assez pour passer à l'acte : « *Si je travaillais à mi-temps, je n'aurais jamais eu aucune promotion. Je suis directrice de plateau dans un centre d'appel. J'ai d'abord été opératrice puis chef de groupe, et il est impossible de manager "que le lundi" ou "sauf le mardi" !* » affirme-t-elle.

7. Étude CNRS / Université de Strasbourg sur l'activité des mères en Europe.

➔ Le saviez-vous ?

Au Pays-Bas, 75 % des mères actives avec un enfant de moins de 3 ans ont un emploi à temps partiel.

(Source : CNRS / Université de Strasbourg)

Les femmes ont pourtant la réputation d'avoir peu d'ambition. Elles s'autocensurent, paraît-il. Dans le webzine paritaire *Les Nouvelles News*, la directrice des ressources humaines de Sodexho expliquait fin 2010 : « Les femmes ne demandent pas d'augmentation, pas de promotion, ou alors avec moins de conviction que les hommes. » L'entreprise est pourtant militante de la parité et finance des CESU pour participer aux frais de garde de ses salariés.

Sophie Bertholet, directrice chez Randstadt Intérim, raconte dans une étude GetUp sur les femmes cadres : « *J'avais tout à fait intégré mon rôle de mère [...], mais ce qui m'a aidée à progresser au travail, c'est l'attitude de mon mari qui a contribué à un meilleur équilibre des rôles parentaux. Sans cela, je ne serais pas arrivée là où je suis aujourd'hui.* » Ne se démontant pas pour un sou, quand son manager lui demande à l'occasion d'une promotion si « *Ça va aller avec les enfants ?* », elle répond : « *Avez-vous posé la même question aux collègues hommes promus ?* »

D'après le baromètre des femmes cadres établi par Accenture, réalisé en 2009, 55 % des femmes cadres n'ont pas confiance en l'évolution de leur carrière et les chances qui leur seront offertes. Sophie Verney, coordinatrice du baromètre, membre du réseau des femmes cadres de la Société générale et mère de trois enfants, y explique que « *la confiance dans l'entreprise et son modèle de management est une des clés de la motivation* ».

Pire, 69 % des femmes cadres sont insatisfaites des conditions d'égalité d'accès aux postes de direction. Mais elles ne se démotivent pas : pugnaces, volontaires, capables de faire plusieurs choses à la fois, elles peuvent faire preuve de poigne quand il le faut.

➔ LES EXPERTS MAMAN TRAVAILLE

La politique peut-elle réduire les inégalités hommes-femmes au travail ?

Réponse de l'expert : Brigitte Grésy, IGAS, ex-directrice de cabinet au ministère de la Parité et de l'Égalité professionnelle, rapporteur du rapport sur l'image des femmes dans les médias, auteure de *Petit traité contre le sexisme ordinaire* (Albin Michel, 2009)

« Je crois beaucoup dans le rôle des politiques publiques que ce soit pour la parité politique, l'égalité professionnelle ou la lutte contre les violences. De nombreuses mesures sont à prendre par les pouvoirs publics, y compris pour améliorer les modes de garde et pour mieux impliquer les pères dans le soin et l'éducation des enfants. Mais je pense aussi que pour lutter contre les stéréotypes et tous les clichés qui infériorisent les femmes dans le monde du travail, une vigilance personnelle est nécessaire pour les objectiver et se mettre en mouvement pour y résister. L'essentiel est de sortir de soi toutes ces petites blessures qui nous affectent, de ne pas s'en sentir responsables ni coupables. »

J'ENCADRE UNE ÉQUIPE (+ UN MARI ET DES ENFANTS)

Comment recruter et manager une équipe ; toutes les astuces pour être écoutée quand vous parlez ; comment vous faire obéir sans vous faire détester ; savoir déléguer...

Pour Brigitte Grésy, nous sommes prisonnières d'un modèle de travail masculin basé sur le présentéisme : « *La plupart des organisations de travail ne savent pas gérer le temps. Je suis persuadée qu'il serait possible de mieux faire sans que ça impacte la productivité globale.* »

➔ Le saviez-vous ?

72 % des femmes cadres supérieurs ont des enfants.

(Source : Bureau International du Travail / Organisation Internationale du travail)

➔ LES EXPERTS MAMAN TRAVAILLE

Comment passer de « gentille maman » à « business woman implacable » sans devenir schizophrène ?

La réponse de l'expert : Stéphanie Will, directrice d'une agence d'assistants business personnels[8] et mère d'une petite fille

« D'avoir gardé mon nom de naissance pour travailler, c'est tout bête, mais déjà on ne s'adresse pas à la même personne. Quand on appelle Stéphanie Will, je suis dans mes chaussures de business woman. Mon nom marital, qui n'est pas connu dans mon milieu professionnel, me ramène naturellement à la vie privée. Mais il est évident que j'ai dû rapidement me faire coacher pour survivre aux exigences de mon métier, comme à trouver l'équilibre vie pro / vie perso. Sans ce coaching – que j'entretiens très fort en continuant de me former et de dialoguer avec ma coach, j'aurais déjà explosé en vol. »

Plafond de verre, plafond de mère ?

Être une femme et travailler, c'est presque admis. Être une femme et avoir de l'ambition, c'est déjà moins évident : Helena Cronin, philosophe à la London School Academy, affirmait dans une interview au journal canadien *L'Actualité* que les femmes n'obtenaient pas de poste de direction parce qu'elles ne le souhaitaient pas. « *À compétences égales, le plus motivé aura le poste et souvent, le plus motivé, c'est l'homme.* »

Présentée comme darwinienne, féministe et rationnelle, cette philosophe affirme que les femmes créent leur propre plafond de verre, en ayant des desiderata moins concrets que leurs homologues masculins. Mais il existe une tare encore plus handicapante que d'être une femme : être une mère. Quand une femme devient mère, ses priorités changent et la réussite professionnelle, déjà pas au cœur de ses préoccupations si l'on en croit Helena Cronin, deviendrait carrément accessoire, passant après ses enfants, sa vie de couple et son bien-être personnel. Après le plafond de verre, le plafond de mère ?

---

8. http://www.swetvous.com

L'expérience de Séverine, 40 ans, directrice générale d'un cabinet d'audit, mère de 2 enfants

« Quand j'ai enfin obtenu le poste tant convoité de DGA, j'ai naïvement pensé que mon équipe ne s'occuperait pas de ma vie de famille. Mais dès les premières semaines, j'ai enchaîné les remarques désagréables. On me disait "Tu ne vois jamais tes enfants ?" ou "Ils ne vont pas te reconnaître ce week-end tellement tu les vois peu". Un jour j'ai entendu une conversation entre deux femmes, une chef de service et une assistante. Elles disaient qu'elles auraient honte à ma place de ne pas s'occuper de leurs enfants et de faire autant d'heures tard le soir, elles péroraient que la place d'une femme est à la maison après 18 h 00, puis elles se perdaient en conjectures sur ma vie privée en disant que mon mari allait sans doute voir ailleurs vu que j'étais toujours au travail. Alors qu'elles ne connaissaient ni mon mari, ni mes enfants ! Ça m'a beaucoup blessée, surtout venant d'autres femmes : les hommes s'en fichaient en général. Le plus ironique ? La chef de service qui me critiquait tant a postulé pour reprendre ma place à mon départ. »

→ Notes

acte
5

Changement de plan !

Ouverture

Et si je travaillais de la maison ?
Et si je montais mon entreprise ?
Et si je démissionnais ?
La maternité peut transformer votre vision
du travail… autant envisager toutes les options !

SCÈNE 1
Au revoir, au revoir, Président !

Que vous partiez pour devenir mère au foyer ou pour prendre des responsabilités ailleurs, comment annoncer votre démission ? Quel délai respecter, quelle attitude adopter pendant son préavis ? Comment garder de bons contacts avec ses futurs-ex-collègues ? Comment expliquer à Junior qu'on change de poste ?

Comment garder de bons contacts avec ses collègues ?

On peut partager sa joie, mais sans en rajouter : « Et quand je pense que dans cette taule j'étais payée 5 fois moins qu'aujourd'hui ! » par exemple est à éviter. Si réellement on gagne beaucoup plus et qu'on le dit, on ne se prive pas d'inviter ses ex-collègues au resto. Régulièrement, on se tient informée, on envoie des mails et on se donne des petits rendez-vous. Votre collègue ou votre assistante d'hier est peut-être votre manager de demain…

→ VRAI / FAUX : je ne peux pas quitter mon emploi en CDD

VRAI : le CDD est par définition un contrat à durée déterminée qui ne peut pas, sauf cas grave, être rompu ni par l'employeur, ni par l'employé. En théorie. Car en pratique, il est toujours possible de s'arranger.

FAUX, depuis la loi dite « de modernisation sociale » de 2002 : dans le cas où vous avez trouvé un contrat de travail à durée indéterminée, vous pouvez alors rompre votre CDD. Vous serez tenue de respecter un préavis d'une durée d'un jour par semaine de la durée totale du contrat. Si vous ne respectez pas ces conditions, vous pourriez être amenée à verser des dommages et intérêts à votre ex-employeur.

SCÈNE 2
Employeur cherche jeune mère désespérément

Comment se mettre en valeur pendant un entretien ? Déjouer les questions pièges (« *Et le troisième, c'est pour quand ?* »), envoyer des signaux positifs grâce à la communication non-verbale, transformer vos défauts en qualités, exprimer votre motivation... sans oublier, les atouts d'une jeune mère !

Les 8 qualités d'une mère au travail

(À faire lire à votre patron/ne)

Être mère, c'est une qualification ! À la fois veilleuse de nuit, femme de ménage, infirmière, comptable, cuisinière, intendante, éducatrice, enseignante... Certains concours de la fonction publique reconnaissent d'ailleurs ce mérite, en dispensant les mères qui ont élevé 3 enfants du diplôme nécessaire pour s'inscrire. La preuve par l'exemple :

1. Diplomate : il en faut de la diplomatie pour partager le dernier morceau de chocolat entre 4 enfants, décider qui va choisir le programme télé du soir, expliquer que Papa dort avec Maman, mais pas toi.
2. Organisée : déposer Lili au foot, amener Gaston chez le dentiste, préparer un rôti pour dimanche, acheter un cadeau de naissance pour une copine, lui apporter à la maternité, aller au yoga, boucler un dossier, passer au pressing, aller chercher Lili, rappeler belle-maman, s'épiler, vous en connaissez beaucoup des personnes qui savent gérer un tel planning ?
3. Pugnace : Non, tu n'auras pas de scooter / de deuxième dessert / un petit frère (à répéter en boucle pendant plusieurs années au moins 3 fois par jour).

4. Polyvalente : une mère peut faire plusieurs choses à la fois, si quelqu'un en doute, qu'il regarde l'épisode de *Desperate Housewives* où Lynette passe un entretien d'embauche tout en changeant une couche. Go, Lynette Scavo, go !
5. Patiente : qui n'a jamais entendu un enfant hurler pendant des heures « mamaaaaaan, mamaaaaaan, mamaaaaaan, mamaaaaaan, mamaaaaaan » ne sait pas ce que patience signifie.
6. Bonne négociatrice : « Bon, alors tu manges deux cuillerées de purée et après tu auras un Petit Suisse. Nous sommes d'accord ? »
7. Cultivée : une mère peut vous réciter par cœur tout Dolto, tout Rufo, tout Olivia Toja de tête. Elle est aussi plus sensible à l'actualité et plus communicative. Accompagner les devoirs des enfants lui fait également réviser son calcul mental, ses planètes et ses philosophes classiques.
8. Motivée : quand on voit ce que coûte un enfant, on comprend que les mères soient motivées par une activité professionnelle.

➔ LES EXPERTS MAMAN TRAVAILLE

En tant que mère, que doit dégager ma communication non-verbale au travail ?

La réponse de l'expert : Cédric Bruguière, chef d'équipe recrutement à Carrefour, chroniqueur emploi pour différents sites Internet

« Les recruteurs se forgent une première impression dès les premières minutes, via la règle du 4 x 20 : les 20 premières secondes (sourire, arrivée à l'heure), les 20 premiers gestes (main serrée avec dynamisme sans la broyer), les 20 premiers centimètres (concentrez-vous sur son visage), les 20 premiers mots ("mode de garde" ne doit pas y figurer). Alors évitez bras croisés, mains crispées, cheveux touchés en permanence, mais aussi de caresser votre ventre (= je suis enceinte, déconcentrée). Les odeurs de lait caillé ou de petit pot sont aussi à bannir. Pour autant, restez vous-même : n'enlevez pas les photos de Bébé de votre agenda ! Le conseil le plus sûr reste

de bien préparer son entretien, ce qui permet d'arriver en terrain connu et de chasser les manifestations du stress plus fréquentes chez les jeunes mères, comme les mains moites. Un conseil ? Arriver en avance et demander à se laver les mains avant de serrer celle du recruteur. »

SCÈNE 3
« C'est à moi qu'tu parles ? »

– Agougaga ?

– Ah non, pardon Monsieur le Directeur, ce n'est pas à vous que je m'adressais...

Parfois, passer du babillage de bébé au franglais courant en entreprise confine à la schizophrénie...

Maman et active, comment signer un mail ?

On signe : Prénom (si on se connaît bien) ou Prénom + Nom : aussi étonnant que ça puisse paraître, vous n'êtes sûrement pas la seule Émilie / Stéphanie / Nadia / Julie / Anne que votre interlocuteur connaisse. Dans la signature de mail automatique, on peut glisser sa fonction, sa société, le téléphone et le mail, éventuellement l'adresse, l'URL, le Twitter ou Facebook ou Skype si on travaille sur Internet.

On ne signe pas : *La maman de Léo, Léo's Mum, Stéphanie heureuse maman depuis 2009, Maman comblée,* etc. On s'abstient de mettre l'URL de son blog personnel ou des photos de bébé, même s'il est très chou. On supprime les slogans du type « *maman avant tout* » ou les bandeaux de forum du genre « *Bibou est né depuis 7 mois 2 semaines et 5 jours* » qui risquent de faire très peur à un employeur ou à un client. Même si on est maman solo, on ne donne pas son pseudo Meetic ou SingleFamily dans la signature.

SCÈNE 4
Comment se faire repérer par un chasseur de têtes

« Si vous ne postulez pas, personne ne viendra vous chercher ! » Grâce à *Maman travaille*, vous pourrez enfin faire mentir cette affirmation : nous vous donnons tous les secrets des chasseurs de tête pour vous faire repérer et débaucher, « malgré » votre condition de maman.

➔ Le saviez-vous ?

1 offre sur 3 ferait partie du marché caché de l'emploi et serait pourvue par chasse ou par cooptation.

(Source : étude Euro RSCG 2005)

Un employeur ne lancera pas une chasse de tête (aussi appelée « approche directe ») pour n'importe quel poste. Le recrutement par approche directe a un coût élevé en temps, mais aussi en honoraires. Il sera donc privilégié pour des recrutements de « moutons à cinq pattes », pour débaucher des candidats déjà salariés chez la concurrence ou pour recruter en toute discrétion. « *Une annonce classique et c'est 1 000 réponses que nous n'avons pas le temps de trier !* » déplore une chargée de recherche. Alors comment faire partie des appelées, puis des élues ?

Une maman sachant se faire chasser…

1. Mettre à jour son CV sur Internet : la première source de recherche, puisque la plus simple et la plus économique, consiste en l'achat de bases de données de candidats. Sur Apec, Monster, RegionsJobs, Cadremploi, Cadresonline, vous pouvez remplir votre CV en ligne. Astuce : actualisez-le régulièrement, car il existe une option « CV frais » qui permet de ne recevoir que les CV actualisés dans les derniers mois.

2. Être visible : pensez à vous montrer. Événements spécialisés, rencontres, *afterwork*, conférences, mais aussi séminaires annuels, formations : toutes les occasions sont bonnes à prendre ! Il vous faut maintenir le lien avec le milieu : faites savoir que vous existez.
3. Cibler les cabinets de chasseurs de têtes. Chaque cabinet a une spécialité bien à lui. Si vous travaillez dans les travaux publics et qu'il est spécialiste de l'agroalimentaire, vous ne serez jamais contactée. Perte de temps pour lui et pour vous ! Pire, ça donne le sentiment que vous ne connaissez pas le marché de l'emploi de votre secteur.

Attention ! Si vous êtes toujours en poste, soyez discrète sur vos intentions. Mettez votre CV en ligne oui, mais en masquant votre nom et en boycottant les bases de données de CV auxquelles vous savez votre patron abonné. N'inscrivez pas que vous voulez changer de poste clairement, ça pourrait être un motif de licenciement.

➜ LES EXPERTS MAMAN TRAVAILLE

Un chasseur de têtes nous réclame un CV. Doit-on indiquer le nombre de nos enfants et notre statut marital ?

Réponse de l'expert : Marie Lafragette, chasseuse de têtes, auteure de la pièce de théâtre *Pourquoi j'ai agrafé mon patron* et de *Chasse de têtes* (Les Nouveaux Auteurs, 2010), trois enfants.

« Non, ce n'est pas nécessaire. Personnellement, je n'indique jamais mon statut marital, ni le nombre de mes enfants : il est toujours temps d'aborder le sujet en entretien, de vive voix ! »

SCÈNE 5
Mompreneur : maman et entrepreneuse

Vous avez un vieux rêve : créer votre propre entreprise, comme 1 Français sur 2. Avoir un enfant n'est pas un frein, au contraire ça peut donner des ailes...

Une « mompreneur », qu'est-ce que c'est ? Contraction de « mom » (maman) et « preneur » (entrepreneur), le « momprenariat » désigne ce courant de mères actives qui, à la suite d'une maternité, créent leur propre business ! Les Mompreneurs sont fédérées en associations nationales et régionales qui comptent plusieurs milliers d'adhérentes.

Souvent, ces chefs d'entreprises-mamans travaillent de chez elles pour mieux concilier leur carrière et leur maternité.

Attention ! On peut mettre en garde les mères contre ce « miroir aux alouettes ». Le système « mompreneurs » présente plusieurs couacs : l'impossibilité d'avoir une place en crèche quand on est en phase de création (les crèches demandent des bulletins de salaires ou un contrat de travail), les procédures administratives encore trop lourdes, le télétravail à plein temps qui renvoie parfois les femmes à la maison, et la généralisation de l'entreprenariat comme nouveau standard de travail, avec tout ce que ça implique : la disparition des contrats de travail à terme.

LES EXPERTS MAMAN TRAVAILLE

Puis-je créer une entreprise sans mode de garde, avec mes enfants, en les emmenant aux réunions ?

La réponse de l'expert : Nora Esnault, fondatrice d'Entrepreneuses Mag et du 1er Prix de l'Entrepreneuse

« Il est parfois tentant de vouloir emmener son enfant avec soi aux rendez-vous professionnels car dans les premiers mois, nous n'avons simplement pas de solutions pour les faire garder. Et là c'est le début de la fin ! Il faut réussir à séparer le boulot et

les enfants (même si ça peut faire grincer des dents), pour le bien de ses projets. C'est tellement fatigant de gérer son business et son enfant en même temps que les projets n'avancent pas si vite ou pas si bien qu'on le voudrait, du coup, au lieu d'avoir du plaisir, on en retire de la frustration, on s'épuise, on ne part pas sur de bonnes bases... Réussir à se libérer quelques heures serait l'idéal, surtout pour les rendez-vous pro qui sont très stressants au lancement d'une activité. »

QUEL STATUT CHOISIR ?

- SARL (société à responsabilité limitée) : Votre solution si vous avez un ou plusieurs associés, si vous prévoyez de réaliser un chiffre d'affaires important, si vous avez des frais à vous faire rembourser.
- EURL (entreprise unipersonnelle à responsabilité limitée) : Votre solution dans les mêmes conditions que la SARL, sauf que vous entreprenez seule.
- SCOP (société coopérative et participative) : Votre solution si vous créez une entreprise de type coopérative avec un ou plusieurs associés à parts égales.
- Auto-entrepreneuse : Votre solution si vous vous lancez seule, pour démarrer, avec un chiffre d'affaires peu élevé et peu ou pas de charge (vous ne pourrez pas vous rembourser vos frais, et la TVA ne sera pas facturée).
- Association à but lucratif : C'est pour vous si vous avez au moins trois personnes (pour constituer un bureau) qui se lancent conjointement et que votre association a un but social ou sociétal.

➔ Il existe de nombreuses autres formes juridiques. N'hésitez pas à vous renseigner sur votre spécificité. Parfois, vous croyez avoir besoin d'une entreprise quand un statut particulier (free-lance, pigiste, VRP indépendant) convient mieux, tant socialement qu'économiquement. Demandez conseil à des pros, chambres de commerces, experts-comptables, cabinets juridiques...

➔ LES EXPERTS MAMAN TRAVAILLE

Ce matin, j'ai eu une super idée d'entreprise qui me permettrait de rester à la maison, m'occuper de mon enfant tout en gagnant de l'argent. Je peux me lancer tout de suite ?

La réponse de l'expert : Pascale Muscat, animatrice du forum des « femmes et mères créatrices d'entreprises »[1], directrice d'Archipel Parfums, mère de 2 garçons

« On peut se dire, chouette je vais créer une boutique avec rien du tout et jouer à la marchande ! Mais ce n'est pas le cas. Avant de se lancer, il faut mener une étude de marché, réaliser un business plan, se pencher sur la concurrence... Ça prend plusieurs mois. Et accepter d'investir de l'argent. Beaucoup d'entrepreneuses lancent un site avec des solutions gratuites pour finalement tout annuler et tout recommencer avec des solutions payantes. C'est un travail à plein temps. »

ENTREPRENEUSES : 5 ERREURS FATALES À NE PAS COMMETTRE

Vous êtes mère de famille, et vous avez réussi à monter une entreprise : bravo ! Mais savez-vous qu'une entreprise sur deux coule la première année, et que les taux sont exponentiels jusqu'à la troisième année ? Pour que vous n'alliez pas gonfler les statistiques, *Maman travaille* a réuni plusieurs conseils. Dans le cadre de mon travail, j'ai vu de près des entreprises se construire et se déconstruire aussi vite, et ça m'a permis de noter tout ce qu'il ne faut surtout pas faire !

À vous de voir comment vous souhaitez appliquer ces 5 leçons : au premier, ou au dernier degré...

1. Embauchez tous vos amis et toute votre famille !

Vous lancez un site Internet ? Prenez votre sœur infirmière pour la prospection commerciale ! Vous lancez une maison d'édition ? Embauchez votre

1. http://mompreneurs.forumpro.fr/

ami mécanicien pour la mise en page ! La plupart des personnes qui créent une entreprise pensent qu'il est généreux de faire travailler leur entourage, même si celui-ci n'a aucune compétence dans votre domaine d'activité. Pourquoi ne pas le salarier directement, d'ailleurs ? Non, non et non ! Vous risqueriez de vous fâcher avec vos amis quand vous aurez réalisé qu'ils ne correspondent pas au profil recherché, que vous n'aurez plus de quoi payer les salaires, et qu'ils se retrouveront au chômage ! Bref, n'embauchez pas vos amis ou votre famille s'ils ne sont pas réellement compétents.

2. Ne communiquez pas, c'est trop cher !

Votre entreprise est tellement géniale que les clients vont venir tout seuls ! N'allez pas les chercher, ne communiquez pas ! Distribuez vos cartes de visite personnelles, c'est tout aussi crédible qu'une carte de visite professionnelle, ne faites pas faire de logo (le nom suffira), et ne créez pas de site Web : les gens ont le téléphone, le fax et le minitel s'ils veulent vous contacter. N'alimentez surtout pas votre blog, un post par mois c'est bien suffisant. Bien évidemment, ne faites pas réaliser de plaquettes commerciales et ne participez à aucun événement lié à votre activité : ainsi, vous serez sûre que les clients qui vous trouvent sont vraiment motivés par l'idée de travailler avec vous !

3. Trouvez-vous vite un grand local !

Travailler chez soi ou dans un bureau loué tout équipé, c'est ringard. Au moins, avec vos propres locaux, vous pourriez aménager la déco : bougies parfumées, bambous, cadres d'art moderne, on s'y voit déjà ! Comptez 500 à 1 500 € par mois, auxquels il faut rajouter le prix de l'électricité, l'ordinateur, les imprimantes, et autres photocopieuses, lignes téléphoniques, abonnements Internet, etc. Mais c'est un bon investissement : vous aurez le sourire en allant travailler le matin, et quand on sourit, on oublie son chiffre d'affaires négatif...

4. Ne prenez pas de comptable, ça ne sert à rien !

Vous avez pris l'option « gestion » en terminale ? Ne cherchez pas plus loin et faites votre compta vous-même ! Vous connaissez sûrement par cœur le plan comptable, vous saurez quoi dire au contrôleur des impôts qui viendra vous demander la différence entre frais réels et frais kilométriques, et vous n'aurez aucun mal à définir les taux d'amortissement de votre nouveau matériel (je n'ai moi-même rien compris à cette dernière phrase, je vous rassure). Vous savez aussi comment faire passer vos investissements en déduction d'impôts et êtes incollable sur le droit du travail et l'aspect juridique des factures et des bons de commande. Et même si à la fin de l'année, vous avez du mal à faire le bilan comptable, vous chercherez un expert au dernier moment en catastrophe, quitte à le payer 3 fois le prix du marché. Quelle sacrée économie !

5. Parlez à tout le monde de votre idée !

Avant même le business plan établi ou l'idée déposée, n'hésitez pas à l'exposer à tout le monde. Y compris à vos concurrents potentiels, votre gardienne, vos collègues, vos voisins : tout le monde a toujours quelque chose à dire ! Pas grave s'ils lancent l'idée avant vous... Comment ça, vous pensez qu'ils ne vous piqueront pas l'idée ? Vous vivez chez les Bisounours ?

8 idées reçues sur l'entrepreneuriat féminin

« *Ah, si j'étais ma propre patronne, la vie serait plus douce* », vous dites-vous. Que nenni ! *Maman travaille* a traqué pour vous les idées reçues et vous révèle la dure vérité... Si vous-même, vous êtes déjà à votre propre compte, n'hésitez pas à compléter cette liste.

1. Je ne travaillerai plus le mercredi... Oui, mais vous travaillerez le soir, le samedi, le dimanche...
2. Adieu, les tâches ingrates comme les photocopies ou le pointage des bons de commande ! Et bonjour les activités multitâches : scanner des documents, relancer le comptable, établir des factures, démarcher des clients... en plus de votre activité principale.
3. Plus de collègues désagréables, trop bavards, envahissants, qui me piquent mes bonbons dans le placard. Plus de collègue du tout ! Personne avec qui médire sur les candidats de la XFactor, pronostiquer sur les prochaines élections européennes, déjeuner, partager le travail...
4. Je choisirai mon salaire moi-même, plus besoin de mendier une augmentation. Enfin, vous choisirez comme vous pourrez, vos rémunérations dépendront surtout des rentrées d'argent... Ne vous attendez pas à un parachute doré tout de suite.
5. J'irai chercher les enfants à l'école tous les jours, ils pourront manger à la maison pendant que je travaille tranquillement, je peux tout à fait faire les deux à la fois !

Oui, bonne idée :

9 h 00 : dépôt des enfants,

11 h 30 : attente des enfants devant la grille,

12 h 00 : préparation du repas,

13 h 00 : repas,

13 h 30 : re-dépôt des enfants à l'école,

14 h 00 : retour à la maison,

15 h 00 : un peu de travail,

16 h 30 : re-attente des enfants devant la grille,

17 h 00 : goûter,

18 h 00 : bain,

19 h 00 : dîner,

21 h 00 : retour devant l'ordi...

Sans commentaire !

6. Après, je recruterai toutes mes copines. **Annie, la cadre hospitalière, sera ravie de devenir votre stagiaire dactylo, et Nora, qui cherche un emploi de journaliste, aura sans doute plaisir à devenir commerciale pour vous, sans salaire certain. Oups ! Si vous arrivez à vous payer, ce sera déjà très bien...**

7. Plus de patron ronchon qui me donne des missions à 18 h 00, alors que je mets mon manteau. **Ah, ah ! Quid des appels de vos clients à 22 h 30 qui exigent un dossier pour le lendemain 7 h 00 ?**

8. Avec les nouvelles technologies, je pourrai travailler de partout, tout le temps... **Oui, sauf le jour où « ça plante ».**

➔ LES EXPERTS MAMAN TRAVAILLE

Être Mompreneur, c'est que du bonheur ?

La réponse de l'expert, Céline Fénié, importatrice du concept de Mompreneurs en France, fondatrice du site Maman Shopping, présidente de l'Association des Mompreneurs, maman de 4 enfants

« Avec 4 enfants de 8 mois à 6 ans, franchement, j'avoue être souvent proche du burn-out ! Le pire moment : un de mes enfants était malade et mon mari a pris une journée enfant malade pour le garder. Son chef lui a demandé : mais ta femme ne travaille pas à la maison ? Mon mari lui a rétorqué : oui, elle travaille ! Encore difficile aujourd'hui de faire comprendre que travailler de chez soi ne signifie pas jouer la marchande et nécessite une charge de travail et un engagement incommensurable qui nécessite l'appui et l'investissement du conjoint. Mais le meilleur moment pour moi, c'est se lever chaque matin en étant heureuse d'aller travailler, être épanouie professionnellement, et pouvoir évoluer et progresser dans son travail et ce "malgré" des enfants ! »

quiz

AVEZ-VOUS LE PROFIL D'UNE ENTREPRENEUSE ?

1. Vous accompagnez une sortie scolaire et on vous charge de commander les pique-niques pour toute la classe...

a. Vous demandez les coordonnées du fournisseur habituel et passez commande chez lui aux tarifs habituels. ▲

b. Vous faites les sandwiches vous-même, ça vous ennuie de faire payer les élèves, et comme ça ils dégusteront vos recettes maison. ❋

c. Vous challengez trois traiteurs, optez pour le meilleur et négociez -20 % à l'année pour toute l'école. ✦

2. Créer une entreprise, ça coûte...

a. 1 € depuis la loi de modernisation de l'économie. ❋

b. Environ 3000 € en frais de greffe, création, lancement... ✦

c. Trop cher pour ce que ça rapporte. ▲

3. Les horaires idéaux pour travailler sont...

a. Fixes. 9 h 00-18 h 00 et chaque minute entamée doit être payée. ✦

b. Variables : vous voulez bien arriver plus tôt les jours de rush ou faire des heures sup'. ❋

c. Permanentes : travailler chez vous, le soir ou le dimanche ne vous choque pas, tant que ça vous plaît. ▲

4. La hiérarchie & vous…

a. Vous avez besoin d'être encadrée, réglée, cadrée, coachée. ▲

b. Vous détestez tous les liens hiérarchiques, pour vous on ne travaille jamais mieux que dans une certaine anarchie. ✳

c. Vous n'aimez pas rendre des comptes, en revanche donner des ordres, ça vous connaît. ✦

5. Quand les Scavo ont ouvert une pizzeria dans *Desperate Housewives*, vous vous êtes dit…

a. Quelle chance ! Mon rêve ! ✳

b. Les amateurs : ils n'ont même pas défini de zone de chalandise. ✦

c. Oh le mauvais plan ! Pourquoi quitter un job dans la pub pour aller faire des pizz' ? ▲

6. La devise qui guide votre carrière…

a. À cœur vaillant, rien d'impossible. ✦

b. Never explain, never complain. ✳

c. Doucement le matin, pas trop vite le soir. ▲

7. Pour vous, le plus important dans un travail c'est :

a. La sécurité de l'emploi. ▲

b. La rémunération. ✳

c. L'épanouissement qu'on en retire. ✦

RÉSULTATS

Vous avez un maximum de ▲

A priori, vous n'avez pas le profil d'une entrepreneuse. Vous êtes plus à l'aise avec les cadres fixes, les objectifs précis et les avantages qui vont avec : salaire mensuel, horaires, grilles d'évaluation, retraites (soyons folles !). Est-ce vraiment très grave ? Pas du tout ! Au contraire, vous êtes très bien comme ça. Peut-être avez-vous été échaudée par des exemples d'entrepreneurs proches ? Vous avez, en tout cas, bien conscience qu'une entreprise sur deux fait faillite la première année et vous n'avez pas envie d'imposer cet échec à votre famille. Tant que vous êtes salariée, votre carrière est promise à un franc succès.

Vous avez un maximum de ✳

Vous avez des côtés « entrepreneuse », vous êtes créative et cherchez toujours à améliorer les situations auxquelles vous êtes confrontée. La liberté et l'argent vous intéressent (qui n'intéressent-ils pas ?), mais vous n'avez pas tout à fait l'âme d'une gestionnaire d'entreprise. Heureusement, l'entrepreneuriat n'est pas la seule voie de réussite possible. Si vous avez des velléités de création ou que la routine vous pèse, pensez à des statuts différents : free-lance, portage salarial, bénévolat. N'hésitez pas à tester des projets en parallèle à petite échelle avec un investissement moindre. Si vous avez envie de vous lancer, documentez-vous et faites-vous confiance.

Vous avez un maximum de ✦

Vous êtes une entrepreneuse-née. Vous pensez études de marché, business plans, marges brutes et modèles économiques. Bien consciente des difficultés de ce monde à part, vous en aimez les inconvénients tout autant que les avantages. Qu'attendez-vous pour vous lancer ? Peut-être est-ce déjà fait. Si c'est le cas, n'hésitez pas à venir raconter votre histoire sur le blog *Maman travaille*.

SCÈNE 6
Au secours, mon bureau est dans la chambre des enfants !

Les avantages du télétravail ou comment hiérarchiser vos priorités, respecter des horaires, éviter les pièges, et décorer votre mini coin-bureau...

Votre patron a enfin accepté le principe du télétravail un jour par semaine, ou bien vous êtes indépendante, ou bien vous avez monté une entreprise de chez vous : quoi qu'il en soit, votre bureau, c'est votre maison ! Voici tout ce qu'il ne faut surtout pas faire, testé et désapprouvé !

DIRE À TOUT LE MONDE QUE JE TRAVAILLE DE CHEZ MOI !

« Allô, madame Trucmuche ? Ici, la Crèche des Fleurs à l'appareil. Votre petite Lou est malade, elle a presque 38 °C de fièvre, mais bon, on ne va pas déranger son papa au travail. Vous venez la chercher ? », ou encore, mot sur le carnet de correspondance : *« Madame Trucmuche, nous cherchons des mamans disponibles en journée pour accompagner les élèves à la sortie culturelle de l'année (visite d'un aquarium dans les Yvelines, 4 heures de car). Comme vous êtes chez vous toute la journée, nous avons pensé à vous... »* et aussi, en vrac : le gardien qui monte taper la discut' avec vous ; la belle-mère qui appelle en pleine journée, et qui rappelle toutes les demi-heures parce qu'elle a quelque chose d'important à vous dire ; la copine en congé mat' qui s'ennuie chez elle.

Moralité : On annonce à tout le monde qu'on bosse et qu'on passe nos journées en rendez-vous client ! Point ! Et si quelqu'un passe, on lui dit gentiment : *« Est-ce que moi, je viens te voir pendant tes réunions pour te proposer d'aller faire du shopping ? Non ? Bon, ben considère que ma journée est une graaande réunion. »*

PASSER MES APPELS DEPUIS MA LIGNE FIXE !

Après plusieurs notes de téléphone portable assez salées (on peut payer en 3 fois les factures mobiles, ou pas ?), vous vous décidez, économe, à passer les appels depuis votre téléphone fixe à partir de votre ligne privée et familiale qui est sur liste rouge. Grave erreur ! À vous, les appels à 21 h 00 d'un client qui trouve urgent de vous demander si la police Trébuchet est vraiment mieux que la police Arial ; les appels de votre boss le dimanche matin, en pleine sieste crapuleuse, qui voulait savoir si vous aviez pensé à commander ses plateaux-repas du lundi midi ; les appels de fournisseurs ou de démarcheurs alors que vous venez tout juste de coucher Bijounette après deux heures de comptines et d'histoires. « Ah bon, mais pourquoi que vous en voulez pas des fenêtres à Billy Bob, le roi de la fenêtre ? »

Moralité : L'intimité n'a pas de prix. On investit dans une deuxième ligne, qu'on coupe le week-end, ou alors on appelle du fixe, mais en numéro masqué.

PRENDRE MA DOUCHE VERS 13 H 00 !

Quand on va au bureau, au moins, c'est clair et net : à 8 h 00 (ou 9 h 00 pour celles qui bossent dans la pub, 10 h 00 pour la restauration, et 23 h 00 pour les strip-teaseuses), on part de chez soi, habillée, coiffée, maquillée. Or, quand on travaille de la maison, personne ne nous voit de la journée. La tentation est alors grande, croyez-moi, de rester en nuisette / pyjama en pilou / vieux jogging de vos années au lycée, avec un sac de couchage déplié sur vos jambes et un ordinateur sur les genoux pour vous tenir chaud. À ce rythme, l'homme qui rentre – après avoir passé une journée avec des clones de Working Girl et s'être fait apporter des cafés par sa nouvelle assistante toute de Pucci vêtue (« On dirait toi, mais en plus jeune », a-t-il dit, croyant faire un compliment, le bougre) – ne sera que très moyennement émoustillé à la vue de votre chaussette-pilou dépassant du plaid. De même, la douche précipitée à 16 h 00 avant d'aller chercher les monstres à l'école, et l'arrivée cheveux mouillés n'est pas du meilleur effet sur la maîtresse... Sans même évoquer notre estime personnelle, qui risque d'en prendre un coup si notre regard croise celui de cette pauvre femme cernée, même pas démaquillée de la veille, qui tape comme un robot sur l'ordinateur, dans un miroir.

➔ Le saviez-vous ?

12 % des Français travaillent le dimanche (Source : DARES, 2010). Ce n'est pas parce que vous travaillez de chez vous que vous devez les imiter !

Moralité : L'alcool, c'est pas avant midi, mais la douche, c'est pas après ! À 10 h 00 maxi, on doit être prête. Un coup de mascara n'a jamais tué personne, et même si personne ne nous voit, nous nous sentirons bien plus jolies au téléphone, et aurons donc plus confiance en nous. Poussons même le vice jusqu'à un petit tailleur de temps en temps, après tout, nos premiers fans ont aussi le droit de nous voir à notre avantage. Bon, les jours où on met un tailleur, on a même le droit de s'inviter à déjeuner avec l'homme, histoire de marquer un peu notre territoire.

SE NOURRIR DE COCA-COLA *LIGHT* (ET DE FRITES)

Les repas : un drame pour toutes les femmes qui travaillent chez elles !

En effet, l'envie de se mitonner un gratin dauphinois maison n'est pas forcément au rendez-vous à 13 h 30, quand il nous reste 10 minutes avant de devoir mailer un dossier super important.

Il y a une solution, pour les urbaines : commander des sushis. Oui, bonne idée, c'est bon les sushis. Mais à 15 € par jour, vous finirez par les livrer vous-même pour payer vos factures, les sushis !

Il est aussi très fréquent d'être tellement absorbée par le travail à faire, qu'on ne s'aperçoit qu'à 16 h 00 qu'on a oublié de manger. On est survoltée à cause de la 7e canette de Coca-Cola® *light* avalée cul sec, mais comme il est tard, on mange un pain au chocolat sur le chemin de la crèche en guise de repas (oui, c'est du vécu). Après 1 an à ce train-là, on a pris 10 kg de gras, perdu tous nos muscles, et fait 5 chutes de tension.

Moralité : Comme pour la douche, on se fixe des horaires. Vers 12 ou 13 h 00, c'est l'heure du repas, je ne vous apprends rien. Un bol de soupe prêt à consommer (3 minutes au micro-ondes, le plein de vitamines), un croque-monsieur / salade (une tranche de jambon dans 2 tranches de pain complet, du gruyère, le tout au four 10 minutes position grill, et trois feuilles de salade sur les côtés, c'est prêt ma bonne dame), ou une escalope de poulet (une poêle, une escalope, 3 €, hop). Si vraiment c'est la journée de la gastronomie, vous rajoutez un petit sachet de blé à la tomate, 2 minutes au micro-ondes). Le soda et les cafés, on limite à 1 par jour, 2 si vraiment vous êtes une grosse toxico (on parle de 2 verres, pas de 2 packs, nous sommes d'accord ?). On glisse une compote piquée aux enfants et une bouteille d'eau minérale à côté de l'ordinateur.

ÊTRE CONNECTÉE 24H/24 !

Comme vous travaillez de chez vous, vous vous sentez un peu coupable. Du coup, vous ne faites pas 9 h 00 - 18 h 00, comme les collègues qui sont au bureau – sauf qu'elles entrecoupent, comme nous le faisions toutes, ne dites pas le contraire, de pauses cafés, pauses clopes, pauses photocopieuses, pause téléphone et pause je cherche une location pas chère sur Internet pour mes prochaines vacances. Vous commencez à l'heure où vous seriez partie (7 h 30, donc) et finissez à l'heure à laquelle vous seriez rentrée (19 h 00, voire plus si affinités). Mais comme ça ne suffit pas, car, mécréante, vous avez pris une pause de 20 minutes ce midi pour regarder la fin de *La Petite Maison dans La Prairie*, vous vous sentez encore plus coupable et bossez une fois les enfants, et parfois même aussi le mari, couchés. En outre, comme vous êtes connectée, il serait très impoli de ne pas répondre aux mails que vous recevez. Vous répondez donc à Chacha que faire une collecte pour l'anniv' de Dom est une super idée ; vous acceptez l'invitation au groupe « J'aime pas les carottes » sur Facebook et écrivez un mot sur le mur de Jipé, le créateur du groupe ; vous renvoyez son poke à Leïla ; vous rédigez votre mail pour un fournisseur qui vous a encore arnaqué en prélevant votre paiement sans vous expédiez le robot-mixeur à offrir à votre mère ; et, dans la foulée, vous envoyez un mail à votre mère pour vous excuser du retard, avec les 27 photos de Bijounette qu'elle réclamait depuis longtemps. Voilà, il est minuit, il faut aller se coucher. Et vous retravaillerez demain, un autre soir, ce dimanche, pour rattraper. Finalement, vous êtes connectée non stop, vous travaillez le soir, et en voulant gagner du temps, vous en perdez !

Moralité : On cloisonne ! Jusqu'à 18 h 00, on bosse à fond. Quand on n'a pas besoin d'être connectée, on se déconnecte, inutile d'actualiser ses mails toutes les 30 secondes, si vraiment vous recevez la proposition du siècle, elle pourra attendre 15 minutes de plus. À partir de 18 h 00, on éteint son ordinateur. Si c'est trop dur, on le met en veille jusqu'à ce que les enfants soient couchés, et là, on le rallume. Et on se fixe un timing précis : je bosse de 21 h 00 à 22 h 30, et après, j'éteins tout. C'est que, demain, vous avez un planning serré !

quiz

EST-IL TEMPS DE SORTIR DU TÉLÉTRAVAIL ?

Vous passez vos journées chez vous. Peut-être que vous êtes free-lance, entrepreneuse, adepte du télétravail, mompreneur... peut-être aussi que vous êtes en congé parental, ou au chômage. Quelle que soit votre situation, vous vous demandez s'il est temps pour vous de reprendre le chemin du bureau... *Maman travaille* a dressé une liste vous permettant d'y voir plus clair. Toute ressemblance avec une maman existant ou ayant existé qui travaillerait de chez elle depuis 4 ans et en aurait plus que marre ne serait que fortuite...

Comptez 1 point à chaque fois que vous vous reconnaissez, même un peu...

- ☐ Vous êtes euphorique à l'idée de voir quelqu'un « en vrai » : un déjeuner avec Fleurovsky, la cousine georgienne d'une maman de l'école, qui ne connaît personne ici ? Oh ouiiiii ! Vous vous préparez comme si vous alliez rencontrer Georges Clooney, et deux jours avant vous briefez votre famille « Attention, jeudi midi Maman va sortir ! Je serai peut-être injoignable entre 13 h et 14 h 30 ! »

- ☐ Vous connaissez par cœur le programme télé, vous avez l'impression que le « champion » de *Tout le monde veut prendre sa place* sur France 2 est un ami intime et l'annonce de la rediffusion de *Berverly Hills* le matin sur TF1 vous a fait pleurer de joie.

- ☐ Votre premier réflexe quand vous croisez quelqu'un qui vous dit un bon mot (le facteur qui vous apporte un colis, la gardienne, une voisine...) est de chercher le bouton *like* de Facebook.

- ☐ Le type du supermarché vous a dit « Mais vous, vous venez tous les jours faire vos courses ! » Et vous l'avez écrit dans votre journal intime.

- ☐ Vous avez cherché sur Facebook votre ancienne collègue relou (celle qui fouillait votre sac et sentait le camembert) parce qu'elle vous manquait. Vous avez aussi envoyé un petit mot gentil à votre ex-patron… Celui qui vous a licencié après 2 ans de harcèlement…

- ☐ Votre facture d'électricité s'élève à 194 € par mois. Forcément, vous allumez toutes les lumières façon « Versailles », vous laissez la télé en fond musical, votre ordinateur est branché tout le temps et votre portable aussi. Vous avez aussi une facture « livraison de sushis à domicile » équivalente au PIB du Gabon.

- ☐ Vous vivez des aventures extraordinaires. Comme vous ne voyez personne ou presque, le livreur tout moche prend des airs de dieu grec à vos yeux. Vous avez déjà couché avec lui plusieurs fois dans votre tête. L'autre jour, vous avez traversé au feu rouge et c'était l'événement majeur de votre journée. D'ailleurs, vous l'avez raconté trois fois à votre compagnon qui vous a répondu « *Il t'arrive toujours des aventures extraordinaires* ». Vous avez souri en pensant : « *Oui, c'est vrai. il m'arrive des trucs de fous* ». Et vous y croyez.

- ▢ Vous marchez 20 minutes par jour au maximum et pourtant, vous êtes en permanence fatiguée. Le soir, vous avez du mal à vous endormir. D'ailleurs, vous avez du mal à faire la différence entre le jour, la nuit, le dimanche et le lundi…

- ▢ La dernière fois que vous avez mis un tailleur, Facebook n'existait pas encore.

- ▢ Vous parlez à votre ordinateur (« *Ah non, tu vas pas me lâcher maintenant mon coco ?* » quand il vous annonce qu'une mise à jour va le faire redémarrer).

- ▢ À l'école ou à la crèche, on vous dit que vous avez mauvaise mine. Forcément, vous ne vous maquillez plus : personne ne vous voit. Vous avez très nettement l'impression que le directeur de l'école vous drague. La preuve ? Il vous a dit « Bonne soirée… » Ah, ah : bonne SOIRÉE ! si c'est pas une preuve, ça…

- ▢ Vous trouvez que la vie en prison, ça ne doit pas être si terrible que ça. Quatre murs, enfermée, une promenade par jour…

- ▢ Vous enviez les personnages du livre de Florence Aubenas, car eux, au moins, ils ont un vrai travail.

- ▢ Vous avez déjà répondu au téléphone chez vous en disant : « Oui allô ? Oui, oui, je vous appelle de mon bureau… »

- ▢ Dans la même pièce, vous mangez / lisez / travaillez / surfez / regardez la télé / recevez des gens. Ajoutez-vous 3 points si c'est « sur la même table ».

- ☐ Vous avez déjà crié sur vos enfants ou sur votre compagnon quelque chose comme « J'en peux pluuuuus de cette situation ! C'est pas parce que je travaille à la maison que je dois être la booooonne ici ! » Ajoutez-vous un point si vous avez déjà pris des tranquillisants / fait une crise d'angoisse / pris un somnifère pour vous endormir le soir.

RÉSULTATS

Vous avez moins de 3 points

Soit vous ne travaillez pas vraiment de chez vous, soit vous gérez comme une chef ! Bravo ! (si ça fait moins d'1 an, revenez faire ce test dans quelques mois).

Vous avez de 4 à 7 points

Vous faites face aux difficultés courageusement. Si vous travaillez de chez vous depuis plus de deux ans, c'est normal. Il est encore temps de redresser la barre. Comment vous habillez-vous ? Comment votre espace est-il organisé ? N'hésitez pas à prendre une journée par semaine pour l'organisation.

Vous avez de 8 à 13 points

Vous commencez à trouver le temps long – ou trop court, ou les deux à la fois. Peut-être pourriez-vous commencer à réfléchir à un autre mode d'organisation ? Vous créer un bureau chez vous, travailler en équipe... Pensez à vous inscrire à des réseaux féminins, il en existe une foule. Cela vous permettra de voir des gens dans un contexte professionnel. Et pensez stratégie : où vous voyez-vous dans 5 ans ?

Vous avez plus de 14 points

Alerte rouge, état d'urgence ! Il vous faut trouver rapidement un emploi salarié ou un bureau à louer. En attendant, sortez de chez vous pour travailler. Prenez une colocation ou, si vous n'avez pas les moyens, allez bosser dans un café wifi, dans une bibliothèque, chez vos clients si vous avez une activité B to B... mais surtout, faites une pause. Vous faire interner pour surmenage n'aidera pas votre activité à prospérer. Anticipez en prenant des vraies vacances, ailleurs, quelque part où vous ne pourrez pas travailler !

Notes

acte
6

SOS
cas particuliers

Ouverture

Parce qu'on ne rentre pas toutes dans des cases définies, parce qu'on peut avoir cinq enfants mais pas de mari…
Comment ne pas céder à la panique quand la situation se complique ?

SCÈNE 1
1, 2, 3 enfants : qu'est-ce que ça change pour ma carrière ?

La cellule familiale composée d'un enfant unique et de deux parents peut rester fusionnelle. L'enfant est le « produit de l'amour » des parents, la « synthèse des deux », et à ce titre il est parfois plus une fonction qu'une personne, du moins pour l'extérieur. Articuler harmonieusement les différents temps de vie (maternelle, familiale, professionnelle, amoureuse, amicale, sportive, culturelle) est un sacré pari pour toutes les mères. Passer de jeune femme à jeune maman est une étape cruciale, qui renouvelle notre identité. Passer de « primipare » à mère de deux enfants est un pas tout aussi grand... Quant à la famille nombreuse, c'est une autre paire de manches.

→ Le saviez-vous ?

Au Danemark, 8 mères de famille nombreuse sur 10 travaillent.

(Source : CNRS, 2007)

Emma forme un couple ultra-dynamique avec son compagnon Isham : « *Nous avons eu notre fille Yasmine très jeunes, à 19 et 22 ans. Tout le monde trouvait ça exotique, on l'amenait partout avec nous, c'était roots. Mais quand nous avons eu notre deuxième enfant, la donne a changé. D'un coup on devenait le petit couple de "marié-deux-enfants", ma partenaire de danse me demandait si j'allais acheter un monospace, un pavillon en banlieue et un labrador, j'étais super vexée. Autant amener un enfant en bas âge au travail peut être charmant, autant deux d'un coup c'est super mal perçu.* »

Emma a de moins en moins de temps et songe même à arrêter la danse. Son compagnon, s'apercevant du malaise, a mis en place une organisation millimétrée qui leur permet de souffler : il dépose les enfants chaque matin et elle va les chercher.

Avoir plus de deux enfants en France fait baisser de 20 points la probabilité que leur mère travaille, d'après l'INSEE[1]. Si on part d'un indice 4 comme possibilité d'être active pour une mère d'un seul enfant, il tombe à 0,3[2] pour une mère de trois enfants dont le dernier a moins de trois ans ! Au total, plus d'une femme sur deux cesse son activité professionnelle à l'arrivée du troisième enfant. En Europe, le taux d'activité des mères de familles nombreuses est inférieur de 13,9 % au taux d'activité des mères d'un enfant unique.

Mais ces statistiques ne sont pas les mêmes pour toutes les femmes. On retrouve, sans surprise, les plus diplômées parmi les plus actives et les moins diplômées (donc aux salaires moins élevés) parmi les femmes en congé parental – quoi qu'on assiste depuis quelques années à une vague d'interruption de carrière de femmes cadres supérieurs à la naissance de leur troisième enfant. Autre facteur influent : votre lieu de vie. Ainsi, cette chute du taux d'activité est moins importante en Île-de-France, en régions Centre et Bourgogne ou en Bretagne, mais elle est surpondérée dans le Nord de la France, dans l'Est, en PACA et en Corse.

Pour celles qui parviennent à maintenir une activité professionnelle, l'équation n'est pas plus évidente : elles perdent en moyenne deux heures de travail hebdomadaire après le deuxième enfant.

L'expérience de Justine, policier, 4 enfants, Pau

« Quand j'ai rencontré mon mari, policier aussi, je partais souvent en mission. À la naissance de ma première fille, j'ai commencé à aménager

1. Julie Moschion, Insee, Économie et statistiques, 2009
2. Olivier Chardon, Fabienne Daguet, division Enquêtes et études démographiques, Insee, 2008

mes horaires. Après mon deuxième congé maternité, je suis passée à temps partiel. Aujourd'hui, avec quatre enfants dont un en bas âge, j'ai demandé ma mutation dans un service administratif. Je prends sur moi, je fais un travail qui ne me plaît pas mais avec les horaires de nounou, école, pédiatre, je ne me vois pas partir en planque, en brigade des mœurs ou des stups : il faudrait être disponible 24 heures sur 24. Alors je prends mon mal en patience… »

Pour Marie Lafragette, avoir trois enfants, ça change tout. Sans tabou, elle lance : « *Il est impossible de tout gérer* ». Elle en a même tiré une pièce de théâtre, *Pourquoi j'ai agrafé mon patron*, dans laquelle une mère de famille se retrouve dépassée par les obligations, à la fois professionnelles, familiales et personnelles.

« *Il faut hiérarchiser et mettre des priorités* », conseille-t-elle aux futures mères de famille nombreuses. Avec trois enfants en bas âge, elle a opté comme beaucoup pour des solutions alternatives : le temps partiel puis le télétravail. « *Avec un enfant, je pense qu'il est encore possible d'avoir une carrière "classique", c'est-à-dire de bosser "comme un homme" et de bien s'occuper de son enfant.* » En revanche, il devient beaucoup plus difficile de s'organiser avec une famille nombreuse : « *Je ne crois pas qu'il soit possible d'élever correctement 3 enfants en les voyant une heure le soir. Je crois que les mères ont énormément à apporter, mais peut-être justement avec leur spécificité de mères. Personnellement, être mère de trois enfants m'interdit de faire carrière de façon classique, mais m'a donné une pêche et une envie incroyable pour faire des choses qui me tiennent vraiment à cœur.* »

« *En bas âge, c'est vrai* », répond Astrid, 38 ans, responsable administrative. « *Mais très vite, ils vivent leur vie. Ma fille de 12 ans est souvent en vadrouille chez des copines et mon fils de 10 ans passe beaucoup de temps à jouer aux jeux vidéo, ou au basket. Quand je rentre plus tôt pour les voir, ça les fait rire et ils me rappellent qu'ils ne sont plus des bébés* ».

➔ LES EXPERTS MAMAN TRAVAILLE

Mère de famille nombreuse, comment gérer l'ensemble des défis : préjugés de l'entourage professionnel, temps pour soi, mode de garde, finances ?

La réponse de l'expert : Carolinee Lahotte, kinésithérapeute, 8 enfants de 10 ans à 6 mois

« Déjà, j'ai divorcé d'avec mon fer à repasser. On apprend à ne plus s'embarrasser du superflu et à aller directement à l'essentiel. Financièrement, j'organise peu de sorties-spectacles : les voir courir autour de la table en s'insultant ou organiser des après-midi gym me distrait déjà. Cela dit, je vais souvent à la piscine avec les plus grands, ou à la danse orientale, ça me semble important de se maintenir en forme. L'idée reçue la plus tenace : nous serions des chrétiens trèèèèèèèèès pratiquants… et cela nous fait beaucoup rire, car comme disait Coluche : "Catholique… pratiquement"… La phrase "ils ont des enfants pour les allocations" me fait aussi rire, quand on sait que nous avons assez d'enfants pour ne plus pouvoir partir en vacances… ! Et trouver une location pour 10 personnes relève du miracle. Curieusement, on m'a beaucoup reproché le nombre d'enfants jusqu'à n° 5… Depuis, j'ai une paix royale, si ce n'est que personne ne me croit lorsque je dis combien j'en ai… ou bien on suppose que c'est une fratrie recomposée ! J'ai aussi la grande chance d'avoir un mode de garde exceptionnel : leur papa, en congé parental à plein temps depuis 8 ans ½… »

SCÈNE 2
Maman, solo et active, je gère comme une chef !

« Ils se marièrent et eurent beaucoup d'enfants... », disent les contes de fées. Ils oublient de préciser que parfois, entre la princesse et le prince charmant, ça ne se passe pas comme prévu. Un couple sur trois se sépare, un sur deux en région parisienne, et les statistiques affirment qu'entre 30 et 44 ans, plus d'une femme sur dix élève seule un ou plusieurs enfants[3].

Difficile, quand on a personne à qui se confier, personne à qui demander de prendre le relais, personne pour aller chercher bébé un soir de fièvre alors qu'on est en pleine réunion... Être mère est déjà une occupation de chaque instant, alors quand, en plus, on doit faire le père aussi, ça se complique.

On devient surtout la seule pourvoyeuse de fonds du foyer, et travailler n'est plus un choix – si on imagine que c'en était un avant – mais une obligation qui ne se discute même pas. D'après une étude sur l'activité des mères menée par le CNRS, le « *fait de vivre ou non en couple est un facteur déterminant [...] sur l'activité des mères. [...] Une mère isolée a de plus grandes probabilités de travailler* ».

Mais ce n'est pas « *que dramatique* » tient à préciser Petra, 28 ans, maman de Jeanne, 1 an. « *Mon histoire n'a rien que de très banale, j'avais un amant marié qui me jurait qu'il allait quitter sa femme, et quand je suis tombée enceinte, c'est moi qu'il a quittée.* » Refusant de demander une pension alimentaire « *par fierté* » à celui qui gagne plus de 6 000 € par mois et n'a pas trouvé le temps de venir la voir à la maternité, Petra assume tout seule. « *Franchement, ça me donne encore plus de fierté. Mes parents m'aident un peu financièrement, ma mère retraitée garde aussi souvent Jeanne et j'ai beaucoup d'amis.* » Depuis quelques mois, elle a entamé une relation avec un collègue de travail, papa solo comme elle. « *C'est même plus simple finalement, il n'y a pas la dichotomie*

3. Source : Doctissimo.

maman / séductrice. Pour moi être maman solo, c'est un palier avant "maman de famille recomposée" même si le mot ne me plaît pas. » Elle espère un jour s'installer avec son nouvel amour et le fils de celui-ci.

Mais attention à ne pas zapper le père du paysage !

Le truc de Souhila, responsable formation, 1 garçon :

« Avec le père de mon fils, on n'est plus ensemble mais on s'entend très bien. On vit dans la même rue. Nous avons opté pour la garde alternée. Semaine 1 : je garde notre fils, je ne travaille pas le mercredi et je pars à 16 h 00 du bureau. Semaine 2 : c'est son père, je travaille très tard pour rattraper et je sors après m'amuser avec mon nouveau fiancé ! »

➔ Le saviez-vous ?

Votre enfant est orphelin de père, ou son père ne l'a pas reconnu ? La CAF peut vous soutenir grâce à l'Allocation de soutien familial.

Employeurs, 9 bonnes raisons d'embaucher une maman solo[4]

Nous sommes d'accord : il ne s'agit pas de privilégier des mères célibataires par rapport à des hommes, des femmes, d'autres mères ou qui que ce soit. Mais... quand on sait à quel point c'est difficile de convaincre des employeurs que « non, mère célibataire n'est pas synonyme d'employée galère », cette petite liste made in *Maman travaille* peut les rassurer...

1. C'est la reine de la débrouille

La maman solo, « elle gère » comme disent les jeunes. Dynamique, tonique, proactive, elle n'a pas une minute à elle. Mieux que personne, elle sait jongler avec les impératifs divers et variés.

---

4. Pour plus d'infos sur les mamans divorcées : *Osez... le divorce réussi*, de Marlène Schiappa (la Musardine, 2011)

2. La maman solo ne panique pas pour rien

Une naissance, une séparation ou un divorce, une recherche éventuelle d'homme ou de femme, et le deuil de ses espoirs de créer une famille idéale avec papa, maman, chien et tarte aux pommes : la maman solo est passée par des moments difficiles. Elle a donc appris à relativiser. Elle ne stresse pas pour rien. Pratique dans les secteurs d'activités survoltés !

3. La maman solo est autonome

Dans l'intimité, personne à qui dire : « allez, vas-y c'est ton tour je me rendors » ou « tu jettes un œil sur la petite, je vais prendre un bain ? » ou « tu changeras l'ampoule ? » ou encore « j'amène la grande à l'école et tu gardes le petit ? » La maman solo s'autogère. Elle est indépendante et ça, au travail, c'est un gros atout : elle ne va pas vous appeler toutes les trois secondes pour vous demander de valider le sens des photocopies.

4. La maman solo est disponible

OK, son enfant, elle le gère toute seule. Mais contrairement aux femmes mariées, la maman solo n'a pas en plus un mari à gérer. Et nous savons tous que ça prend un temps fou. À elle, tout le temps qu'une autre passe au pressing, à rassurer son homme, à le conforter, etc. Intellectuellement, c'est autant de temps disponible. *Les femmes qui écrivent vivent dangereusement* de Laure Adler et Stefann Boldmann insiste d'ailleurs sur ce point : les femmes célibataires sont plus créatives que les femmes en couple. Il arrive aussi que certaines mamans solos aient un ex-conjoint impliqué, et pratiquent la garde alternée. Vous aurez les avantages de la salariée-parent et les avantages de la salariée-célibataire, camarade-patron.

5. La maman solo a besoin d'argent

Elle est le seul et unique revenu du foyer (une pension alimentaire de 117 € pour élever deux enfants, ça ne compte pas vraiment comme un revenu). Elle n'a donc pas le choix, et travaille ! Le taux d'activité des mères célibataires frôle d'ailleurs les 67 % et la majorité des inactives ne l'est pas par volonté. La maman solo sera toujours motivée pour travailler, ramener du blé, être augmentée. Quelle meilleure preuve d'implication dans l'entreprise ?

6. La maman solo a une revanche à prendre

La société ne cesse de lui répéter qu'elle n'a pas « réussi » sa vie de famille. Elle « réussira » donc brillamment sa carrière. « *J'avais fait une pause dans ma carrière pour permettre au père de mes filles d'avancer.*

Je l'ai quitté en 2007 après avoir appris sa liaison, en 2008 je signais un CDI, en 2009 j'étais promue et en septembre 2010 on me nommait directrice de création », raconte Mathilde, 34 ans, mère de Sasha et Sarah.

7. La maman solo ne suit pas son conjoint « pour mutation »

Célibattante, la maman solo ne dit pas Amen aux directives d'un conjoint. Avec elle, il y a peu de chances d'entendre « *Mon époux est muté à Mulhouse, je le suis, je démissionne.* » De même, vous n'aurez pas d'appel furibond au standard si elle n'a pas quitté le bureau avant 18 h 00 et pas de mari jaloux du temps qu'elle passe avec ses collègues ou son patron.

8. La maman solo ne va pas (tout de suite) partir en congé maternité

Camarades-patrons un peu rétrogrades ou près de vos sous, vous n'avez pas envie que votre nouvelle recrue parte en congé maternité à la fin de sa période d'essai. Ça tombe bien ! Au pays des mamans solos, on n'a pas de compagnon, on ne va donc pas faire un bébé toute seule et encore moins prendre un congé parental à la suite de notre congé maternité.

9. La maman solo est rarement chassée par les autres recruteurs

Avec elle, pas de problème de départ pour la concurrence : embaucher une mère effraie déjà les employeurs, alors une mère solo, il y a peu de chances qu'on vous la vole.

LES EXPERTS MAMAN TRAVAILLE

Comment les mamans solos peuvent-elles faire des rencontres amoureuses ?

Réponse de l'expert : Vincent Cordier, fondateur de Solo Family, le Meetic des parents solos.

« Pour les parents solos, l'enfant est désormais au centre de la relation. Il faut composer avec lui. Mais hormis leurs attentes amoureuses, ils ont surtout beaucoup moins de disponibilités que les célibataires sans enfant. Moins de sorties, donc moins de rencontres... une maman solo rentre du travail pour s'occuper de ses enfants, il est impossible pour elle de sortir boire un verre le soir en semaine. Il est 21 h 00 quand elle a un peu de répit et peu enfin se connecter sur le site pour y faire des rencontres. »

SCÈNE 3
La garde alternée, facteur de réussite professionnelle des mères ?

La garde alternée est un vrai débat. Si de plus en plus de parents la pratiquent, certaines associations, comme SOS les Mamans, dénoncent ses méfaits.

Moins de 6 % des enfants en bas âge sont gardés chez leur père[5], proportion qui augmente avec l'âge quand les enfants peuvent donner leur avis. Dans ce cas, généralement les mères ont un droit de visite et d'hébergement. Parmi les couples divorcés ou séparés, 10 % pratiquent la garde alternée. Les mères pour qui ce système est un choix s'accordent à dire que leur carrière en tire avantage.

L'équation semble très simple : si votre enfant est gardé une semaine sur deux ailleurs que chez vous, c'est une semaine où vous n'avez pas à penser au mode de garde et vous pouvez vous consacrer à vos activités. C'est en tout cas comme ça que Flora, 34 ans, voit les choses. Maman de Lou, 4 ans, elle a une organisation bien précise depuis qu'elle a quitté le père de sa fille : « *La semaine 1, j'ai Lou à la maison. Je quitte le travail à 18 h 00 pétantes pour aller la prendre à la garderie, et le mercredi je ne prends pas de pause déj' et pars vers 15 h 00. Mon patron sait qu'il ne peut pas me demander de rester tard. La semaine 2, elle est chez son père à quelques rues d'ici : j'arrive au bureau à 8 h 00 pile, je reste jusqu'à 19 h 00 ou 20 h 00, et ensuite je vais souvent en* afterwork *ou dîner avec des collègues et la direction : c'est là, en off, que tout se joue, les promotions, les dossiers clés.* »

Mais elle peut se permettre ce fonctionnement : cadre, elle dirige une équipe de chargés de relations publiques et décide donc du planning. En outre, le père de sa fille joue le jeu et vit à proximité, ce qui est pratique pour l'école. La garde partagée permet donc aux jeunes pères de rester investis, et de poursuivre un partage des tâches et de l'éducation amorcé à l'époque du couple et peut-être, de la naissance du bébé.

---

5. Source : Senat.fr, étude sur la résidence alternée, 2007.

Mais encore faut-il que le jeune papa soit intéressé. « *Éric était très papa poule malgré son travail prenant. Mais quand on s'est séparé, il m'a dit d'emblée qu'il n'avait pas les moyens de payer une nounou pour les sorties d'école, et que les premiers temps il n'aurait qu'un petit appartement : pas assez grand donc pour accueillir notre fille ! Pour info, nous gagnons le même salaire et il ne me verse aucune pension. Mais, du coup, j'ai la garde totale de notre fille et lui la prend un week-end par mois ! Le reste du temps, il va au foot, voit des amis...* » raconte Sabine, assistante de direction, un brin amère. D'après le site Parent-Solo, moins de 30 % des pères réclament cette garde partagée !

SCÈNE 4
Mon cas particulier
Belle-maman et active

Vous vivez avec votre homme et... ses enfants. Attention à éviter le syndrome Sienna Miller qui vous transforme vite en marâtre : en vacances avec Jude Law et les enfants de ce dernier, Sienna Miller l'emmène chez le coiffeur et prend l'initiative de lui couper ses belles boucles ! Catastrophe et incident diplomatique entre la mère et la belle-mère, avec au milieu, le petit garçon. Le rôle de belle-mère (ou de compagne du papa) est, il est vrai, bâtard. Vous n'avez quasi aucun droit au travail, légalement. Le statut du beau-parent est très controversé et de toute façon, ne s'applique pas à l'entreprise.

Il n'existe rien qui vous permette de partir une heure plus tôt du travail et aucune tolérance au retard consécutif à la rentrée des classes. Dans la plupart des entreprises, vous ne serez pas non plus prioritaire pour les vacances scolaires tant qu'il ne s'agit pas de vos enfants...

→ Notes

acte
7

Bonnes pratiques (ou pas)

Ouverture

Timidement, quelques initiatives commencent à promouvoir la parentalité en entreprise. Panorama...

SCÈNE 1
Chartes, observatoires

À ce jour, il existe plusieurs observatoires, chartes ou dispositifs dédiés à la conciliation vie professionnelle / vie de famille. Si les intentions sont bonnes, la mise en œuvre peut parfois sembler chaotique. Panorama des dispositifs existants :

L'OBSERVATOIRE DE LA RESPONSABILITÉ SOCIÉTALE DES ENTREPRISES

L'Observatoire de la Responsabilité Sociétale de l'Entreprise est à l'initiative de bien des chantiers. Leur démarche est originale puisqu'elle parle de parentalité aux pères, et non aux mères exclusivement.

Guide de la parentalité en entreprise… à l'usage des salariés masculins. En 2008, l'ORSE a édité le premier *Guide de la parentalité à l'usage des salariés masculins*.

Patrons-papas. En 2010, l'ORSE récidive en éditant cette fois-ci un guide grand public aux éditions du Cherche Midi, *Patrons Papas*, 10 portraits sur la conciliation vie professionnelle / vie familiale. Dans ce livre, des hommes abordent un sujet rarement mis en lumière : les liens entre la paternité et le travail.

L'OBSERVATOIRE DE LA PARENTALITÉ EN ENTREPRISE

Créateur de la Charte de la Parentalité en entreprise. L'Observatoire dispose de gros moyens, du soutien d'annonceurs puissants et d'une agence de communication, co-fondatrice de l'OPE (BETC Euro RSCG). L'OPE est à l'origine de plusieurs actions :

La Charte de la parentalité

Première du genre en France, la Charte de la parentalité en entreprise veut faire évoluer les mentalités. Elle a le mérite de mettre un coup de projecteur sur ces problématiques, mais on peut se demander si le but est réellement de changer les choses ou simplement de faire de la communication de recrutement à bon compte. Axa, Air France, Orange, Blédina, Coca-Cola, Microsoft, Finaref, Adecco, BNP Paribas, Wall Street Institute sont parmi les signataires de cette charte. « *Trente entreprises au démarrage, c'est vraiment trop peu !* » s'insurge Johanna Gdalia, directrice associée d'une entreprise B to B[1] qui se déclare prête à embaucher une femme enceinte.

La journée des enfants au bureau : pourquoi c'est une mauvaise idée

Outre la promotion des signataires de la Charte, l'OPE a mis en place une journée de la famille, « *Family Day* », prévue le dernier mercredi du mois de juin. Elle prévoit de faire venir les enfants sur le lieu de travail des parents. Inadaptée pour de multiples professions pour des raisons de sécurité physique et mentale (ouvrier en BTP, gardien de prison, psychiatre, sexologue, serveur, intérimaire...), elle semble réalisable uniquement pour les professions de bureau valorisées.

L'entreprise, qu'on le veuille ou non, n'est pas un lieu de démocratie. Il y a des patrons, des cadres, des salariés, et même si le concept de « lutte des classes » est discuté, on ne peut pas nier qu'il y ait une hiérarchie : c'est un fait ! De là découlent quelques problèmes qui rendent la *Journée de la famille* inutile, voire dangereuse.

Un autre problème : vous êtes venue avec Gigi, votre fille, 5 ans, qui elle-même est venue avec sa mallette à dessins. Mallette qui plaît beaucoup à Lulu, le fils du boss, qui ne se prive pas de lui voler, parce qu'à cet âge-là, ce qui nous plaît, on le prend. Et là, c'est le drame : vous allez houspiller le fils du boss ? Vous allez dire à Gigi que le fils du boss a le droit de lui voler ses affaires parce que vous n'êtes que son employée ? Allez-vous cafter au patron que son fils est un voleur ? Et tout cela

1. http://www.objets-communication-durable.com/

pendant que votre travail s'accumule... De même, si votre chef de service décide d'amener ses 3 enfants et que c'est à vous de les garder durant cette journée, comment refuser ?

À l'inverse, si vous êtes cadre depuis peu et que vous avez un peu de mal à installer votre autorité, imaginez la scène : « *Maman ! Ze veux un gâteau ! – Non, chérie, il est 14 h 00 tu viens de sortir de table... – Ze te dis que ze veux un gâteau, un gâ-teau, un GÂTEAU, aaaah un gâteauuuuu* » suivi d'une roulade par terre et de hurlements, auxquels vous allez céder. Après ça, bon courage pour imposer votre volonté à une équipe de consultants trentenaires... Sans oublier ces exemples que nous avons toutes en tête de la franchise exacerbée des enfants comme dire au directeur général : « *C'est vous, le fou ?* » ou « *Pourquoi il a des rayures sur la tête le monsieur ?* ».

Sans même parler de la productivité : travailler une journée chez soi avec ses enfants est déjà difficile, mais travailler dans un bureau, sans jouets, sans télé, avec son enfant, n'est pas aisé. J'imagine également les arguments : « *Ah non, Machinette, vous n'aurez pas de RTT le 13 juillet, vous avez déjà eu une journée de la famille au bureau !* »

Dans son dossier de presse, l'OPE explique que cette journée répond à « *un besoin psychologique des enfants de voir où leurs parents travaillent.* » Aller voir l'empire familial bâti par son grand-père est certes gratifiant, mais le fils de la femme de ménage a-t-il envie de retrouver son camarade de classe au travail de sa mère ? On connaît le poids de la pression sociale, les enfants n'ont pas nécessairement besoin de voir leurs parents se faire exploiter (dans certains cas, ne nous voilons pas la face, c'est le cas) ou dans un contexte difficile (infirmière qui accompagne les grands prématurés ou les personnes en fin de vie, strip-teaseuses, ouvriers en phase de délocalisation, liste non-exhaustive). « *L'entreprise n'est pas un lieu dédié aux enfants ! Les parents au travail, les enfants à l'école* », peut-on lire sur le blog *Maman travaille*. « *Si ma fille veut venir me voir au travail, j'organise ça dans mon coin, ça dure quinze minutes au mois d'août ou pendant un déjeuner, de préférence avec des bureaux vides. La faire venir en plein rush me semblerait non seulement inutile mais pire, dangereux. Sans même parler de ma collègue de bureau, stérile, et de mon boss dont l'ex-femme est partie vivre au Brésil avec leurs fils, et qui vont se retrouver tous seuls.* »

SCÈNE 2
Les Kinderbüro, une expérience allemande

L'Allemagne a mauvaise réputation en matière de modes de garde. Avec une absence de politique publique pour concilier carrière et maternité, un faible taux de natalité et un tout aussi faible taux d'activité des jeunes mères, ce grand pays fait souvent figure de mouton noir. C'est pourtant bien en Allemagne qu'on trouve une solution innovante aux problèmes de garde. La société ENBW[2] a mis en place un système inédit : les *Kinderbüro*.

Traduit littéralement par l'expression « bureau des enfants », le *Kinderbüro* est une vaste pièce aménagée comme une crèche ou une salle de jeu avec toboggans, chaises hautes, petites tables, matériel de dessin, livres... L'intérêt ? En cas d'impondérable (nourrice malade, crèche fermée, école en grève, etc.), les salariés peuvent venir au travail avec leur enfant et s'installer dans le Kinderbüro pour travailler sur leur ordinateur portable pendant que les enfants jouent.

Ce système comporte bien sûr ses limites et des inconvénients flagrants, notamment en termes de sécurité : les salariés-parents doivent être concentrés à 100 % sur leur mission en cours et à 100 % sur leurs enfants. Mais après tout, ce n'est pas pire que lorsque nous travaillons de chez nous tout en gardant bébé.

Les avantages semblent plus nombreux :

- Pour l'entreprise : l'absentéisme lié aux problèmes de garde d'enfant chute considérablement avec les *Kinderbüro*. Les salariés peuvent venir travailler même en cas de problème. L'investissement est moindre (et probablement déductible des impôts d'une façon ou d'une autre).
- Pour le salarié-parent : le *Kinderbüro* évite de prendre des jours de congé ou des jours à rattraper pour garder les enfants. Gain de temps,

2. Troisième acteur de l'énergie du pays avec un chiffre d'affaires de 15 milliards sur 2010, filiale du groupe français EDF, actionnaire important d'ENBW.

gain d'argent. Il économise aussi les frais d'une nourrice de secours (en urgence, bien des parents passent par une agence à 20 € de l'heure, soit plus de 200 € la journée). C'est également plus rassurant.

- Pour l'enfant : le petit privé de crèche, d'école ou de nourrice peut ainsi rester auprès de ses parents et éviter d'être balloté de nourrices en inconnues et d'inconnues en voisines.

Attention ! Le Kinderbüro est évidemment réservé à un usage unique, ou très ponctuel. Il est destiné à pallier un problème occasionnel de mode de garde, pas à le suppléer.

Effet positif inattendu de ces Kinderbüro : 70 % des utilisateurs sont... des hommes ! Si les pères ne viennent pas au mode de garde, le mode de garde viendra à eux ?

SCÈNE 3
Les cellules et commissions jeunes parents

> Laurence Parisot, présidente du Medef, a déclaré aux États généraux de la Femme à Sciences Po : « *Le premier handicap des femmes au travail, c'est la maternité.* »

Caroline Baldeyrou, cadre en 4/5 dans une grande entreprise du secteur de l'Internet, a créé une Commission Jeunes Parents. Elle a su imposer des exigences comme cumuler responsabilités de manager et poste à temps partiel ; organisation d'une fête de Noël pour les enfants ; et possibilités de télétravail.

« *Je ne voulais pas que d'autres jeunes mères vivent ce que j'ai vécu !* » dit-elle avec détermination, en se souvenant à quel point le passage de l'état de salariée à celui de mère peut être difficile : « *Avec quelques autres jeunes mères dans une situation similaire, nous avons listé nos besoins et fait le point sur notre expérience.* »

La commission a ainsi mis en place des actions concrètes : un groupe de parole ouvert aux futurs et jeunes parents, et l'édition d'un guide d'accueil des jeunes parents à l'usage des managers. « *Dans un secteur d'activité où les managers ont souvent moins de 30 ans et aucune expérience de la parentalité, il est primordial de les guider.* » souligne Caroline, qui aurait aimé faire lire ce guide à son manager de l'époque. On y trouve des infos relevant du bon sens, mais aussi des conseils pratiques : on ne répond pas « *Tu me mets en galère* » à une salariée qui vous annonce sa grossesse, par exemple. Légalement, le guide leur rappelle aussi leurs devoirs : l'heure de travail en moins pour les femmes enceintes, les dates de congé maternité.

Parfois, on peut aussi essuyer des refus « *La direction ne souhaite pas ouvrir une crèche d'entreprise, pour plusieurs raisons : financières, politiques, de management... On ne peut pas leur forcer la main. C'est un gros investissement qui nécessite d'avoir fait une estimation précise des besoins en mode de garde d'ici 3 ans (date de livraison de la crèche) ce qui est quasi-impossible.* »

Mais la commission « jeunes parents » réserve aussi de très bonnes surprises. Le guide des managers conçu par Caroline et la commission est actuellement traduit par sa direction : il va être remis officiellement à l'ensemble des salariés d'Europe !

Je crée une commission « jeunes parents »

Comment gérer une commission dans votre propre service ?

1 Assurez-vous d'être plusieurs. « *Il ne faut pas que, en plus du travail et des enfants, vous vous retrouviez à gérer seule cette activité. Trouvez au moins trois autres personnes motivées* », conseille Caroline Baldeyrou.

2. Faites des demandes raisonnables. Vos exigences ou vos requêtes doivent rester dans un cadre concret. Renseignez-vous avant sur la faisabilité : pas question par exemple d'exiger une semaine supplémentaire de congés payés pour les jeunes parents. « *Au début, je me basais sur ma propre expérience en demandant une salle pour tirer mon lait. Mais finalement, très peu de jeunes mères voulaient tirer leur lait au travail. Listez les besoins réels et si possible, chiffrez-les* », préconise Caroline.

3. Créez la commission de façon indépendante. « *Nous avions choisi de lier la commission au Comité d'Entreprise, mais, si c'était à refaire, je ferais autrement* », explique Caroline B. « *Lier à un syndicat ou même à un CE revêt un petit caractère revendicatif qui peut effrayer les nouvelles recrues, mais aussi la direction.* » Une association, un simple club ou une commission indépendante peuvent donc faire l'affaire.

5. Ne vous transformez pas en assistante sociale. OK pour orienter une salariée victime de harcèlement, ou pour faire des propositions concrètes. En revanche, le « bureau des pleurs », ce n'est pas votre fonction. La commission doit être constructive.

6. Jouez avec la direction de l'entreprise, pas contre. N'hésitez pas à leur envoyer des compte-rendus de ce que vous avez à proposer.

SCÈNE 4
Maman travaille, le 1er réseau de mères actives

Vous voulez agir ? N'hésitez pas à rejoindre le réseau *Maman travaille*. Créé en 2008, il réunissait à ses débuts une poignée de mères entre 24 et 50 ans, soucieuses de leur équilibre familial et professionnel. Elles sont aujourd'hui plusieurs milliers ! Voici nos 10 propositions pour une meilleure conciliation entre la vie professionnelle et la maternité :

1. Allonger la durée du congé paternité et augmenter sa rémunération afin de permettre à tous les pères, quel que soit leur métier, d'en bénéficier. Il est prouvé que la présence du père auprès de la mère dans les premières semaines du bébé est bénéfique pour tous. D'abord, elle permet au père de s'investir dans son rôle de parent et de prendre des habitudes (partage des tâches, de l'éducation, responsabilité). Ensuite, elle permet aux mères de se reposer sur le père. La présence bienveillante du père est rassurante pour la jeune maman épuisée par l'accouchement et croulant sous le poids de ses nouvelles responsabilités de mère. Les mères épaulées et soutenues psychologiquement après la naissance

ont moins de risque de développer une dépression post-partum. Camarades-patrons, un père présent, c'est moins d'arrêt maladie pour déprime ou surmenage de la mère ; c'est aussi un père plus épanoui donc un salarié plus performant.

2. Généraliser le droit à 6 jours de garde par enfant malade et par an, et les faire rémunérer par la Sécurité sociale. Au lieu de réfléchir « par travailleur », on pourrait réfléchir « par enfant ». Les deux fois six jours rémunérés seraient en réalité à diviser strictement en deux, 6 jours pour le père et 6 jours pour la mère. Avec une telle mesure, l'égalité dans les foyers deviendrait la norme. Elle permet aussi de soulager l'employeur des mères en partageant les absences de façon paritaire. Les freins exprimés par les recruteurs, frileux à l'idée de recruter des mères, pourraient être, en partie, levés.

3. Mettre en place un 1 % garde d'enfant sur le modèle du 1 % logement. Les modes de garde restent trop restreints, d'un coût parfois supérieur aux revenus des parents. Une contribution de l'entreprise serait symboliquement forte (« non, on ne vous en veut pas d'avoir des enfants ») et économiquement importante pour le pouvoir d'achat des familles.

4. Créer un mode de garde alternatif pour les 2-3 ans. Ils s'ennuient souvent chez l'assistante maternelle ou la nourrice avec seulement deux autres camarades, n'ont pas toujours de place en crèche et sont trop jeunes pour aller à la maternelle. Un mode de garde de type jardin d'éveil, de transition, adapté à cette tranche d'âge et encadré par des professionnels permettrait aussi aux femmes qui ont interrompu leur activité professionnelle de reprendre aux 2 ans de l'enfant, sans attendre les 3 ans et l'entrée à l'école maternelle.

5. Obliger les entreprises de + de 1 500 salariés à se munir de crèches d'entreprises. Une grande entreprise de plus de 1 500 salariés aurait la possibilité matérielle d'ouvrir une crèche d'entreprise. L'intérêt ? Les jeunes mères prendraient moins d'arrêt maladie ou de congés pathologiques, si elles avaient la certitude d'avoir un mode de garde fiable et abordable sur leur lieu de travail. Pour les pères comme pour les mères, la productivité serait améliorée (fini les appels à la nourrice, le « plantage » de dernière minute de la baby-sitter, la crèche en grève, etc.)

6. Obliger les entreprises de + de 150 salariés à participer à une crèche interentreprise. La crèche interentreprise réduit les coûts par rapport à une crèche d'entreprise et apporte des avantages similaires. Camarade-patron, tu peux déduire tes frais de tes impôts. Que demande le peuple ?
7. Règlementer les horaires de travail. Les parents doivent avoir la possibilité de ne pas travailler le dimanche pour passer du temps avec leurs enfants, petits ou grands. En outre, un grand travail de réflexion autour des horaires de travail, complètement inadaptés aux horaires d'école ou de crèche, devrait être mené sur la base de ce que préconise Elisabeth Badinter (réunions tardives, arrivées tôt le matin, culture du présentéisme, etc.). Dans le même esprit, le télétravail devrait pouvoir se généraliser dans certaines professions et dans certains cas (enfants malades, école en grève, nourrice absente, enfant avec des besoins particuliers).
8. Créer un congé création d'entreprise pour les jeunes parents. Dans la foulée du congé maternité pour les mères et du congé paternité pour les pères, ce congé rémunéré à hauteur du congé parental et de même durée devrait permettre de répondre au phénomène des parents-entrepreneurs. Différence : ce congé donnerait droit à un mode de garde, puisqu'il serait considéré comme du travail effectif. Si le projet de création d'entreprise n'aboutit pas, le parent peut retrouver sa place en entreprise.
9. Éditer un guide des mères actives et le distribuer dans les maternités, ou dans les entreprises aux mères de retour de congé maternité. Ce guide les informerait sur leurs droits et devoirs et leur donnerait des conseils pratiques, relaterait des témoignages et donnerait la parole à des experts.
10. La création d'un secrétariat d'État à la conciliation vie professionnelle / vie familiale. Toutes ces propositions seraient faciles à mettre en œuvre avec une vraie politique derrière. Les difficultés liées à l'équilibre entre la carrière et la maternité sont les plus citées dans les études et sondages. 78 % des mères la trouvent difficile (sondage *Maman travaille*) et elle arrive en tête des difficultés citées spontanément par les femmes (Étude États généraux de la Femme, ELLE). Il est temps que les politiques s'intéressent aux mères actives !

Annexes

BONJOUR, JE M'APPELLE LILY ET MOI AUSSI JE LAISSE MON ENFANT À LA CRÈCHE POUR ALLER TRAVAILLER.
1ER CONGRÈS DES MÈRES ACTIVES

Calculer les dates de son congé maternité

- Vous êtes future maman et salariée, c'est votre 1er enfant : l'article L122-26 du Code du travail fixe la durée de base du congé maternité à 16 semaines : 6 avant et 10 après la naissance. Il faut savoir qu'on parle de « naissance » et non de DPA (date prévue d'accouchement).
- Vous êtes salariée et attendez votre 3e enfant : petite veinarde, votre congé mat' est allongé. Vous pouvez bénéficier de 26 semaines en tout, 8 semaines avant la DPA et 18 après l'accouchement. Renseignez-vous auprès du service RH de votre entreprise : elles sont nombreuses à proposer des aides, des bons d'achat ou des prestations aux parents de 3 enfants en plus.
- Vous êtes maman et entrepreneuse : votre congé maternité durera en tout 44 jours, avec une répartition laissée plus ou moins à votre guise.
- Vous n'avez pas envie de prendre votre congé maternité : depuis peu, il est possible de prendre uniquement 3 semaines avant la DPA et de reporter les 3 autres semaines restantes après l'accouchement. La condition ? Avoir reçu un avis favorable du médecin et ne pas exercer un métier difficile : à 9 mois de grossesse, on a déjà du mal à se traîner jusqu'à la salle de bains, alors aller planter des clous...
- Vous êtes au chômage : pas de panique, vous avez évidemment droit à un congé maternité en bonne et due forme. La procédure est un peu compliquée, mais schématiquement vous devez déclarer votre grossesse à Pôle Emploi et à la Sécurité sociale conjointement, munie de votre dernier avis de paiement des Assedic, de vos 3 derniers bulletins de salaire et d'un certificat de travail de votre dernier employeur. Le temps du congé maternité, vous êtes radiée de la liste des demandeurs d'emploi, que vous retrouverez dès votre fin de congé mat'. À savoir : au chômage, vous avez aussi droit à un congé parental (qui en revanche vous fait perdre votre droit à une place en crèche ou à des aides de la CAF pour le mode de garde).
- Vous attendez des jumeaux ou plus : votre congé maternité s'allonge ! 34 semaines pour des jumeaux, 46 semaines pour des triplés et plus. Mais n'allez pas croire que vous pourrez profiter de ce temps pour vous

lancer dans de nouvelles activités : une grossesse multiple est d'autant plus épuisante, et accroît les risques d'accouchement prématuré. Donc, avec moins de temps à la clé !

- Vous comptez allaiter : navrée de vous décevoir, mais rien n'est prévu pour allaiter de chez soi ! C'est tout le paradoxe de l'allaitement : les campagnes de l'OMS insistent, les puéricultrices nous harcèlent parfois pour qu'on allaite, mais on doit aussi reprendre le travail le plus vite possible. Certains médecins complaisants octroient quelques jours supplémentaires, mais dans la plupart des cas vous n'aurez pas un jour de plus.
- Vous exercez un travail de nuit ou un travail à risque : certaines dispositions particulières sont mises en place. Pour avoir tous les détails, procurez-vous votre convention collective (auprès du CE ou du service du personnel, ou sur Internet). Le site Ameli de la Sécurité sociale délivre quelques infos à destination de votre employeur.
- Certains petits logiciels sympathiques vous permettent de calculer approximativement la date de votre congé maternité (Famili, Juritravail...). Ils n'ont en revanche aucune valeur légale. Vos dates officielles de congé maternité vous seront communiquées par votre sage-femme ou par le gynécologue obstétricien qui suit votre grossesse. En cas de doute, un coup de fil à la CPAM ou au RSI, munie de beaucoup de patience.

Vous refusez de prendre votre congé maternité ?

Pour des raisons purement économiques ou par idéologie, par envie ou par nécessité, vous refusez de prendre un congé maternité tel qu'il est prévu normalement. *Maman travaille* fait le point...

Pourquoi refusez-vous ? Si c'est pour des raisons financières, n'hésitez pas à vous tourner vers les aides en place : associations d'aides aux jeunes mères, etc. « *Notre société ne doit pas, en théorie, laisser ses jeunes accouchées sur le carreau* », insiste Jeanne, 35 ans, bénévole dans une association qui vient en aide aux mères adolescentes.

S'il s'agit d'une envie personnelle, c'est autre chose : ou bien vous avez une histoire douloureuse, et c'est un médecin qui pourra vous aider (à dépasser le baby-blues, à tisser des liens avec votre bébé, etc.), ou c'est pour retrouver votre travail au plus vite parce que vous adorez ça, et là, libre à vous ! Enfin, libre à vous... dans les limites légales. Renseignez-vous bien auprès de votre CPAM, mais aussi auprès de votre employeur si vous en avez un. « *Certaines conventions collectives ont, dans un souci de renforcer les acquis sociaux, prévu un temps minimum de congé maternité* », informe Célia, déléguée du personnel dans une entreprise de conseil.

Si votre envie est motivée par un besoin de liberté, n'hésitez pas à faire appel à des aides : le père de votre bébé, votre famille, ou une nourrice, seront tout à fait aptes à le garder quelques heures le temps que vous vaquiez à vos occupations personnelles ou professionnelles.

Attention également à votre santé : on ne doit pas faire d'effort physique avant d'avoir terminé la rééducation du périnée. « *Et ce même si on a accouché par césarienne : le poids du bébé a tout de même distendu le périnée* », précise Claude, sage-femme à Paris. Un accouchement est une épreuve physique (perte de sang, etc.) et psychologique. Il faut vous consacrer le temps nécessaire pour vous en remettre : deux mois, ce n'est pas de trop.

Toutefois, soyez vigilante même si vous maintenez votre décision de revenir plus tôt au travail. Si vous avez des collègues futures ou jeunes mamans, votre comportement risque d'être très blessant pour elles. En effet, peu nombreuses sont les femmes qui ont la capacité physique et psychologique de se remettre à travailler aussi vite après un accouchement. Il ne faudrait pas que votre gestion du congé maternité devienne un exemple ou une norme, une sorte de jurisprudence dans l'entreprise.

Souvenez-vous que le congé maternité est un acquis social obtenu de haute lutte, qu'il est attaqué sur tous les fronts et qu'il est important que toutes les mères, quel que soit leur point de vue, soient unies pour le défendre.

Agenda des futures mamans actives

Date	À faire	Fait
Enceinte de 3 mois	• Informer par oral son chef de service, puis ses collègues, de sa grossesse. • Envoyer une lettre avec accusé de réception à sa Direction des Ressources Humaines, avec déclaration de grossesse. Commencer à chercher un mode de garde.	
Enceinte de 5 mois	Prévenir le comité d'entreprise pour bénéficier des avantages éventuels (bons d'achats...) et la mutuelle.	
Enceinte de 6 mois	Préparer son départ en congé maternité (former la remplaçante, passer les dossiers, prévenir les clients...).	
Enceinte de 7 mois	Départ en congé maternité.	
Accouchement + 10 jours	Prévenir ses collègues et patrons de son accouchement (mail, appel téléphonique, texto ou faire-part selon le degré d'intimité).	
Accouchement + 1 mois	Valider le mode de garde, commencer l'adaptation à la crèche ou avec la nourrice, le sevrage si vous avez allaité et que vous arrêtez.	
Accouchement + 2 mois	Solliciter un entretien auprès de votre hiérarchie pour faire le point : parler organisation des horaires, salaire, dates de retour, point sur les dossiers en votre absence...	
Accouchement + 2 mois ½	Retour au bureau... jusqu'au prochain !	

Lettre de déclaration de grossesse

Madame, Monsieur [nom de votre responsable RH ou paie]

Copie à Madame [nom de votre N+1]

J'ai le plaisir de vous faire part de mon état de grossesse médicalement constaté. Vous trouverez en pièce jointe ma déclaration de grossesse dûment remplie par mon médecin.

Bien entendu, je vous tiendrai informé en temps voulu des dates de mon congé maternité et je me tiens à votre entière disposition pour aborder le sujet de vive voix.

Bien cordialement,

Lettre de demande de place en crèche

Madame, Monsieur le Maire,

Nous avons la chance de vivre dans votre ville depuis plus de ...... ans. Nous sommes venus habiter ici entre autres pour la qualité de vie et la politique efficace que vous menez en matière de petite enfance.

Je suis enceinte. Mes parents sont toujours en activité et ne peuvent donc pas garder notre enfant. Les parents de mon mari sont retraités, en revanche ils vivent à 800 km et il leur sera malheureusement impossible de garder notre fils John en raison de la distance.

Nous avons déjà rencontré des nourrices, mais ma préférence va largement à la crèche collective. D'une part, je suis convaincue des bienfaits de la vie en collectivité pour apprendre la relation avec l'autre, le partage, la sociabilisation dès le plus jeune âge.

D'autre part, pour des raisons financières, opter pour une nourrice est un choix qui ne s'offre pas à moi. En effet, recruter une nourrice reviendrait à passer tout mon salaire dans le sien et donc, à travailler à perte ! Même avec les aides de la CAF, faire appel à une assistante maternelle est également trop onéreux pour le budget de notre jeune couple.

J'imagine que vous devez être sollicité en permanence, mais je me permets d'insister sur notre cas : sans mode de garde, je ne pourrai pas me présenter au travail à mon retour de congé maternité et serai alors tout simplement licenciée ! Je n'espère pas venir grossir les chiffres du chômage d'autant plus que j'adore mon travail. J'y suis très investie et je fais même partie d'un réseau de mères actives www.mamantravaille.fr

Mompreneur en devenir, le point sur mon projet d'entreprise

Si vous en êtes au stade de la réflexion, il n'y a pas de bonne ou de mauvaise réponse. Ce tableau de synthèse a pour ambition de vous aider à coucher sur le papier l'adéquation entre votre parcours. Armée de ce bilan et de vos commentaires personnels, rendez-vous à la CCI, dans une boutique de gestion, une couveuse d'entreprises ou à l'APCE.

	Oui	Non	Commentaires
J'ai de l'expérience dans le domaine de mon projet.			
J'ai identifié des fournisseurs.			
J'ai identifié des clients potentiels.			
J'ai identifié mes concurrents directs et indirects, je connais leurs clients, leurs parts de marché, leur chiffre d'affaires.			
J'ai un mode de garde pour mon enfant.			
J'ai de quoi payer les frais de lancement (développement, communication, administratifs).			
J'ai de quoi assurer mes arrières financièrement (allocation chômage, économies personnelles...).			

	Oui	Non	Commentaires
Je peux expliquer en une phrase ou en 3 mots clés mon concept.			
J'ai étudié le statut d'auto-entrepreneur, de free-lance, de SARL et je sais ce qui me convient le mieux.			
Je suis prête à travailler le soir et le week-end.			
Je veux créer une entreprise parce que... (si vous répondez « je veux rester avec mon bébé » ou « j'en ai marre de travailler », penchez-vous plutôt sur le congé parental).			
J'ai un conjoint qui me soutient et m'aide.			

Blogroll

Liste non exhaustive des meilleurs blogs ou sites abordant la conciliation carrière / maternité :

- http://www.maviepro.fr/
  Le site des femmes actives
- http://www.lesnouvellesnews.fr/
  Webzine paritaire
- http://en-aparte.over-blog.com/
  Chroniques sur la conciliation vie pro/vie privée
- http://www.karen-demaison.com/
  Blog sur l'articulation des temps de vie
- http://www.toutpourchanger.com/
  Le blog des changements de vie
- http://barbara-nativel.typepad.com/
  Le blog de la coach Barbara Nativel
- http://mompreneurs.over-blog.com/
  Le blog de l'association Mompreneurs
- http://www.mamanetentrepreneuse.typepad.fr/
  Blog de Céline Fénié
- http://blog.plafonddeverre.fr/
  Le blog d'Olympe consacré au Plafond de verre
- http://9blogueurs9mois.blogspot.com/
  9 blogueurs racontent 9 mois
- http://voila-le-travail.fr/
  Chroniques de l'humain en entreprise
- http://www.orse.org/
  Le site de l'ORSE
- http://www.observatoire-parentalite.com/
  Le site de l'OPE

➔ Retrouvez la liste complète sur *Maman travaille.*

• Mes blogs préférés sur les mères actives :

....

....

....

....

....

• Mon blog :

....

➔ Je rejoins le réseau *Maman travaille* : mamantravaille@yahoo.fr

Je rejoins la page Facebook pour être informée de l'actualité des mères actives: http://www.facebook.com/maman.travaille

Je m'inscris sur le blog, je témoigne, je veux être interviewée, je partage mon expérience de mère active : http://www.maman-travaille.fr

J'adhère à l'association, je veux venir participer à la Journée de conférence annuelle : mamantravaille@yahoo.fr

→ Notes

Index

A

B

C

D

E

F

G

H

L

M

N

P

R

S

T

→ Notes

→ Notes

→ Notes

→ Notes

Maman organisée
Emmanuelle Hamet

Toutes les astuces pour devenir la plus sereine des mamans !

Grands-parents débutants
Caroline Cotinaud

Adoptez la Papy zé Mamy attitude !

Ma famille recomposée
Bénédicte Magdeleine Vincent

Le guide de la famille en pièces détachées !

Bien manger en attendant bébé
Katrin Acou-Bouaziz

Un bébé en pleine forme sans prendre trop de poids !

Un massage pour mon bébé
Nadia Ivanova

Tous les bienfaits des massages expliqués pas à pas !

Maman sereine
Caroline Lambert

Mère et femme : les clés pour trouver votre équilibre

Le dico des petits et gros bobos
Marjolaine Solaro

Prévenir et guérir les maux de vos enfants !

Parents débutants : le coffret
Olivia Toja et Lionel Paillès

Un coffret réunissant *Papa débutant* et *Maman débutante*, pour des jeunes parents dé-com-ple-xés !

19,80 €

Ma p'tite famille !

Le classeur de la famille organisée
Emmanuelle Hamet

L'organisation vous y avez goûté,
vous ne pourrez plus vous en passer !

24,90 €

L'organiseur de mon mariage
Harmonie Spahn

L'outil indispensable pour organiser
le plus beau jour de votre vie !

24,90 €

Le journal de ma grossesse
Olivia Toja

Pour tout comprendre
et ne rien oublier
de ces 9 mois !

12,90 €

Le p'tit journal de mon bébé
Olivia Toja

Un carnet tout doux
à remplir pour ne rien
oublier de sa première
année.

12,90 €